바른 일본어

I

남 득 현

히라가나 (ひらがな)

	a段	i段	u段	e段	o段
a 行	あ	い	う	え	お
k 行	か	き	く	け	こ
s 行	さ	し	す	せ	そ
t 行	た	ち	つ	て	と
n 行	な	に	ぬ	ね	の
h 行	は	ひ	ふ	へ	ほ
m 行	ま	み	む	め	も
y 行	や	(い)	ゆ	(え)	よ
r 行	ら	り	る	れ	ろ
w 行	わ	(ゐ)	(う)	(ゑ)	を
	ん				

*( ) 안의 문자는 현대 일본어에서는 사용되지 않고 있다.

가타카나 (カタカナ)

	a段	i段	u段	e段	o段
a 行	ア	イ	ウ	エ	オ
k 行	カ	キ	ク	ケ	コ
s 行	サ	シ	ス	セ	ソ
t 行	タ	チ	ツ	テ	ト
n 行	ナ	ニ	ヌ	ネ	ノ
h 行	ハ	ヒ	フ	ヘ	ホ
m 行	マ	ミ	ム	メ	モ
y 行	ヤ	(イ)	ユ	(エ)	ヨ
r 行	ラ	リ	ル	レ	ロ
w 行	ワ	(ヰ)	(ウ)	(ヱ)	ヲ
	ン				

*(　) 안의 문자는 현대 일본어에서는 사용되지 않고 있다.

머리말

일본어 학습자는 나날이 증가하는 추세입니다. 학습자의 증가에 비례하여 일본어를 학습하는 동기 또한 늘어가고 있지만 예나 지금이나 변함없는 것은 대다수의 일본어 학습자가 "어떻게 하면 하루라도 빨리 일본어를 말할 수 있게 될까?"라는 궁금증을 품고 일본어 공부에 임한다는 사실입니다. 그래서 시중에 쏟아져 나오는 일본어 학습서의 대다수가 회화 중심으로 구성되어 있고, 문자를 채 익히기도 전에 회화 내용을 통째로 암기하는 학습자들도 종종 접하곤 합니다. 잠시 단체여행으로 일본을 방문하기 위한 방편이라면 모를까 체계적으로 일본어를 공부하려고 한다면 무조건적인 회화 내용의 암기법은 바람직하다고 볼 수 없을 것입니다.

일본어 문자의 습득과 병행하여 일본어 문장을 읽고 이해하는 능력을 기르는 것은 어휘력을 향상시킬 뿐만 아니라, 일본어 능력시험 독해·문법에서 만족할만한 성적을 올릴 수 있게 하는 밑바탕이라고 할 수 있을 것입니다. 일본어 독해는 일본어 능력을 체계적으로 향상시키는데 중요한 구실을 합니다. 일본어 문장을 읽고 그 내용을 이해할 수 있도록 학습 초기단계에서부터 체계적으로 일본어 문장을 독해하는 연습을 하는 것이 일본어 능력을 향상시키는 바로미터가 된다는 점을 잊지 말아야 합니다. 이런 과정을 거치면서 자연스럽게 일본어문을 이해할 수 있게 되고 이해한 내용을 말로 바르게 표현할 수 있게 되는 것입니다.

본 교재는 일본어를 처음 접하는 학습자에게 초급일본어 문법 능력과 자연스러운 일본어 문장의 독해능력을 극대화할 수 있도록 회화체를 최대한 배제하고 자연스러운 일본어 문장을 습득할 수 있도록 구성하였습니다. 주된 문법항목인 형용사, 동사와 관련된 내용을 중심으로 초보자도 쉽게 이해할 수 있도록 다수의 어휘를 들어 그 활용법에 대한 설명을 보강하였으며, <확인학습> <본문해설> <연습문제>를 통해서 학습한 내용을 충분히 재확인할 수 있도록 배려하여 구성하였습니다.

아무쪼록 일본어 학습을 시작하는 여러분들이 『바른 일본어 I』을 통해서 초급 일본어 문법을 바르게 이해하고 일본어 문장을 자연스럽게 몸에 익혀 일본어능력의 탄탄한 토대를 마련할 수 있게 되기를 기원합니다.

2007년 2월
저자

목차

01

일본어의 문자와 발음

01

일본어의 문자와 발음

ひらがな-청음요음

	↓行(행)				
→ 段 (단)	a	ka	sa	ta	na
	あ	か	さ	た	な
	i	ki	shi	chi	ni
	い	き	し	ち	に
		kya	sha	cha	nya
		きゃ	しゃ	ちゃ	にゃ
		kyu	shu	chu	nyu
		きゅ	しゅ	ちゅ	にゅ
		kyo	sho	cho	nyo
		きょ	しょ	ちょ	にょ
	u	ku	su	tsu	nu
	う	く	す	つ	ぬ
	e	ke	se	te	ne
	え	け	せ	て	ね
	o	ko	so	to	no
	お	こ	そ	と	の

	↓行(행)				
→ 段 (단)	ha	ma	ya	ra	wa
	は	ま	や	ら	わ
	hi	mi		ri	
	ひ	み		り	
	hya	mya		rya	
	ひゃ	みゃ		りゃ	
	hyu	myu		ryu	
	ひゅ	みゅ		りゅ	
	hyo	myo		ryo	
	ひょ	みょ		りょ	
	hu	mu	yu	ru	
	ふ	む	ゆ	る	
	he	me		re	
	へ	め		れ	
	ho	mo	yo	ro	wo
	ほ	も	よ	ろ	を

N
ん

かさ 

くつ 

ふゆ 

いしゃ 

えき 

りす 

カタカナ-청음요음

→段(단)	↓行(행)				
	a	ka	sa	ta	na
	ア	カ	サ	タ	ナ
	i	ki	shi	chi	ni
	イ	キ	シ	チ	ニ
		kya	sha	cha	nya
		キャ	シャ	チャ	ニャ
		kyu	shu	chu	nyu
		キュ	シュ	チュ	ニュ
		kyo	sho	cho	nyo
		キョ	ショ	チョ	ニョ
	u	ku	su	tsu	nu
	ウ	ク	ス	ツ	ヌ
	e	ke	se	te	ne
	エ	ケ	セ	テ	ネ
	o	ko	so	to	no
	オ	コ	ソ	ト	ノ

→段(단)	↓行(행)				
	ha	ma	ya	ra	wa
	ハ	マ	ヤ	ラ	ワ
	hi	mi		ri	
	ヒ	ミ		リ	
	hya	mya		rya	
	ヒャ	ミャ		リャ	
	hyu	myu		ryu	
	ヒュ	ミュ		リュ	
	hyo	myo		ryo	
	ヒョ	ミョ		リョ	
	hu	mu	yu	ru	
	フ	ム	ユ	ル	
	he	me		re	
	ヘ	メ		レ	
	ho	mo	yo	ro	wo
	ホ	モ	ヨ	ロ	ヲ

N
ン

キャンデー 

スキー 

マウス 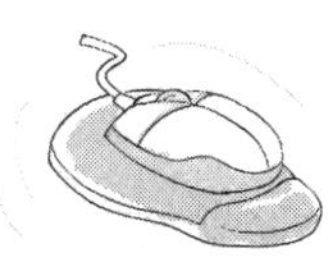

アイスクリーム 

サンタ 

バス 

ひらがな
-탁음 반탁음 촉음 요음

	↓行(행)				
→段(단)	ga	za	da	ba	pa
	が	ざ	だ	ば	ぱ
	gi	zi	zi	bi	pi
	ぎ	じ	ぢ	び	ぴ
	ya	zya	zya	bya	pya
	ぎゃ	じゃ	ぢゃ	びゃ	ぴゃ
	gyu	zyu	zyu	byu	pyu
	ぎゅ	じゅ	ぢゅ	びゅ	ぴゅ
	gyo	zyo	zyo	byo	pyo
	ぎょ	じょ	ぢょ	びょ	ぴょ
	gu	zu	zu	bu	pu
	ぐ	ず	づ	ぶ	ぷ
	ge	ze	de	be	pe
	げ	ぜ	で	べ	ぺ
	go	zo	do	bo	po
	ご	ぞ	ど	ぼ	ぽ

촉음
っ

カタカナ
-탁음 반탁음 촉음 요음

	↓行(행)				
→段(단)	ga	za	da	ba	pa
	ガ	ザ	ダ	バ	パ
	gi	zi	zi	bi	pi
	ギ	ジ	ヂ	ビ	ピ
	gya	zya	zya	bya	pya
	ギャ	ジャ	ヂャ	ビャ	ピャ
	gyu	zyu	zyu	byu	pyu
	ギュ	ジュ	ヂュ	ビュ	ピュ
	gyo	zyo	zyo	byo	pyo
	ギョ	ジョ	ヂョ	ビョ	ピョ
	gu	zu	zu	bu	pu
	グ	ズ	ヅ	ブ	プ
	ge	ze	de	be	pe
	ゲ	ゼ	デ	ベ	ペ
	go	zo	do	bo	po
	ゴ	ゾ	ド	ボ	ポ

촉음
ッ

ざぶとん

がっこう

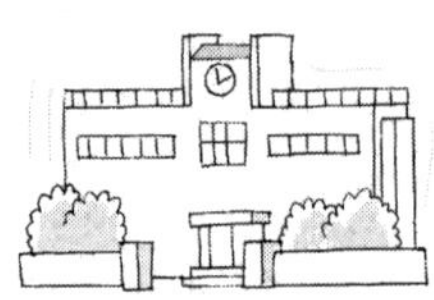

テレビ

ぶた

デパート

ダイエット

漢字（かんじ）

韓国(音＋音)（かんこく おん おん）

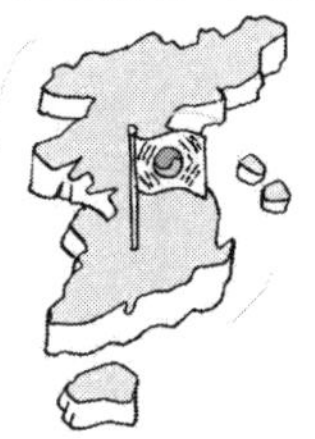

中国(音＋音)（ちゅうごく おん おん）

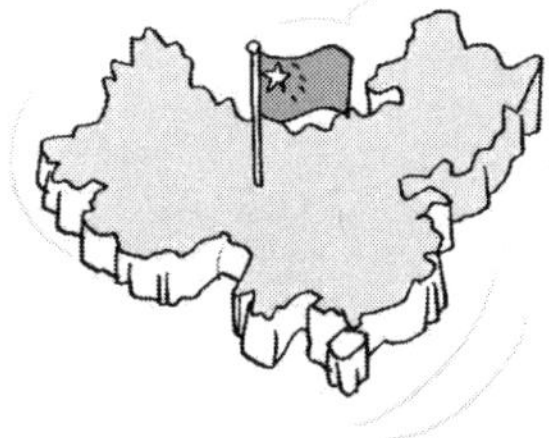

建物(訓＋訓)（たてもの くん くん）

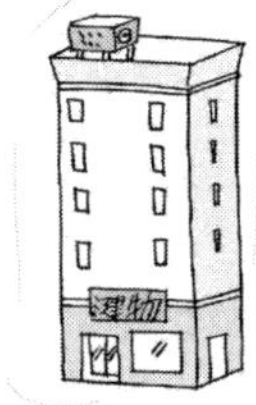

出口(訓＋訓)（でぐち くん くん）

献立(音＋訓)（こんだて おん くん）

台所(音＋訓)（だいどころ おん くん）

身分(訓＋音)（みぶん くん おん）

株価(訓＋音)（かぶか くん おん）

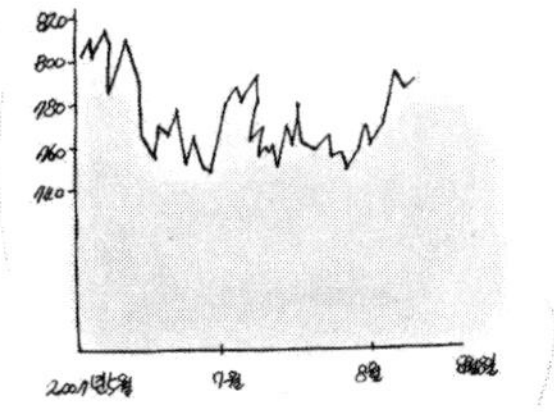

확인학습

1 ひらがな/カタカナ

① かさ
② なつ
③ マウス
④ ハンドル

2 長音(ちょうおん)

① おねえさん
② おとうさん
③ タクシー
④ エレベーター

3 促音(そくおん)

① がっこう
② いっぱい
③ ダイエット
④ ファッション

4 撥音(はつおん)

① かんこく
② せんせい
③ スクリーン
④ キャンプ

5 漢字(かんじ)

① 入国(にゅうこく)
② 出口(でぐち)
③ 本箱(ほんばこ)
④ 場所(ばしょ)

본문해설

☑ 일본어의 문자는 크게 히라가나와 가타카나, 그리고 한자로 구분할 수 있으며, 숫자와 로마자도 쓰이고 있다.

☞ かさ(히라가나) サンタ(가타카나) 韓国(한자) TOKYO(로마자) 123-1234(숫자)

☑ 히라가나는 한자의 초서체에서 유래한 것이며, 가타카나는 한자의 자획을 생략한 것으로 불교경전을 해독하기 위해 행간에 썼던 문자이다.

☞ 「あ」는 「安」의 초서체　　「ア」는 「阿」의 일부분

☑ 히라가나와 가타카나를 가나라고 통칭한다. 가나는 46개의 기본 문자체계를 구성하며, 여기에 20개의 탁음과 5개의 반탁음, 그리고 복합음인 33개의 요음으로 파생된다.

☞ **でぐち**(탁음)　**ピアノ**(반탁음)　**きょう**(요음)

☑ [aa], [ii], [uu], [ee], [oo]와 같이 모음이 연속할 경우 앞의 모음을 길게 장음으로 [a:], [i:], [u:], [e:], [o:]와 같이 발음하며, 예외적으로 [ei], [ou]의 경우에도 각각 [e:], [o:]와 같은 발음이 되므로 유의할 필요가 있다. 가타카나의 경우는 「ー」으로 장음을 표시하게 된다.

☞ おかあさん [ka:]　おねえさん[ne:]　せんせい[se:]　おとうさん[to:]
☞ サッカー(soccer)　エレベーター(elebator)

☑ 「つ」, 「ツ」는 다른 가나 뒤에서 「っ」, 「ッ」와 같이 작게 사용되는 경우가 있다. 이것을 촉음이라 하며 뒤에 오는 가나가 「か행」인 경우에는 [k]로, 「さ행」인 경우에는 [s]로, 「た행」인 경우에는 [t]로, 「ぱ행」인 경우에는 [p]로 각각 발음된다. 이 때, 앞의 음의 받침과 같은 느낌으로 발음하면 되지만, 한 박자를

충분히 끌어주어야 한다.

☞ かっこ[ka**k**ko]　いっさい[i**s**sai]　がったい[ga**t**tai]　いっぱい[i**p**pai]

☑ 「ん」은 뒤에 오는 문자의 발음에 동화되어 [m], [n], [ŋ], [N]과 같은 발음이 되며, [N]은 우리말의 「ㅇ」에 가깝지만 좀 더 목 안쪽에서 나는 소리이다.

☞ しんぱい[shi**m**pai]　まんなか[ma**n**naka]　まんが[ma**ŋ**ga]　しゃしん[shashi**N**]

☑ 「や」「ゆ」「よ」는 모음 [i]가 들어간 가나에 붙어서 「ゃ」「ゅ」「ょ」와 같은 작은 형태로 사용되기도 하는데 이를 요음이라 부른다. 우리말의 이중모음인 「ㅑ」「ㅠ」「ㅛ」와 같다고 보면 된다.

☞ いしゃ[i**sha**]　じゅんび[**zyu**mbi]　じしょ[zi**sho**]　キャンデー[**kya**nde:]

☑ 일본어의 한자는 일본어 문자의 일부분이므로 중국이나 한국에서 사용하는 한자와 동일한 것으로 보지 않는 것이 좋다. 한자를 가나로 읽는 방식은 기본적으로 음독(音読)과 훈독(訓読)이 있으며, 같은 한자라도 그 읽는 방식이 여럿인 경우가 있으므로 유의해야 한다.

☞ 韓国(かんこく)(한국) -음독-　国(くに)(나라) -훈독-
☞ 音楽(おんがく)(음악)　娯楽(ごらく)(오락)

연습문제

1 다음 가나를 히라가나는 가타카나로 가타카나는 히라가나로 쓰시오.

(1) エキ ( ) (5) まうす ( )
(2) フユ ( ) (6) てれび ( )
(3) リス ( ) (7) さんた ( )
(4) サシミ ( ) (8) らじお ( )

2 다음 보기와 같이 가나를 분류하시오.

보기 あ ソ た ろ イ ミ ダ ぜ ホ か
➡ 히라가나(あ た ろ ぜ か) 가타카나(ソ イ ミ ダ ホ)

(1) わ タ し ハ カ ん コ ク じ ン
➡ 히라가나( ) 가타카나( )

(2) ニ ま ロ や きゃ て む ネ ぱ
➡ 히라가나( ) 가타카나( )

(3) ヒ マ な ト き ハ ひ ル つ ウ
➡ 히라가나( ) 가타카나( )

(4) ほ ッ カ い ド う に サ ム を ん
➡ 히라가나( ) 가타카나( )

(5) ミ ュ し と す ノ テ る ロ ヒ
➡ 히라가나( ) 가타카나( )

3 보기와 같이 한자의 읽는 방식을 쓰시오.

보기 中国(音+音)

(1) 建物《たてもの》(　　　　　　　　)

(2) 台所《だいどころ》(　　　　　　　　)

(3) 株価《かぶか》(　　　　　　　　)

(4) 韓国《かんこく》(　　　　　　　　)

(5) 身分《みぶん》(　　　　　　　　)

4 다음 빈 칸에 알맞은 가나를 써넣으시오.

タ	ナ
チ	(2)
(1)	ヌ
テ	ネ
ト	ノ

バ	パ
ビ	ピ
ブ	(4)
ベ	ペ
(3)	ポ

か	(6)
き	し
く	す
(5)	せ
こ	そ

(7)	わ
り	
る	
れ	
ろ	(8)

(1) (　　　　　　　　)

(2) (　　　　　　　　)

(3) (　　　　　　　　)

(4) (　　　　　　　　)

(5) (　　　　　　　　)

(6) (　　　　　　　　)

(7) (　　　　　　　　)

(8) (　　　　　　　　)

단어정리

본문

かさ 우산
くつ 신발
ふゆ 겨울
いしゃ 의사
えき 역
りす 다람쥐
キャンデー 사탕, 캔디
スキー 스키
マウス 마우스
アイスクリーム 아이스크림
サンタ 산타클로스
バス 버스
ざぶとん 방석
がっこう 학교
テレビ 텔레비전
ぶた 돼지
デパート 백화점
ダイエット 다이어트
韓国(かんこく) 한국
中国(ちゅうごく) 중국
建物(たてもの) 건물
出口(でぐち) 출구
献立(こんだて) 메뉴판
台所(だいどころ) 부엌
身分(みぶん) 신분
株価(かぶか) 주가

본문해설

ピアノ 피아노
きょう 오늘
おかあさん 어머니
サッカー 축구
かっこ 괄호
いっさい 한 살
がったい 합체

확인학습

なつ 여름
ハンドル 핸들
おねえさん 누나, 언니
おとうさん 아버지
タクシー 택시
エレベーター 엘리베이터
いっぱい 한잔
ファッション 패션
せんせい 선생님
スクリーン 스크린
キャンプ 캠프
入国(にゅうこく) 입국
出口(でぐち) 출구
本箱(ほんばこ) 책장
場所(ばしょ) 장소

MEMO NOTE

02

わたしはかんこくじんです。

02

わたしはかんこくじんです。

私は日本人ではありません。韓国人です。

故郷はソウルです。

去年までは高校生でしたが、今は大学生です。

陳さんは韓国人ではありません。中国人です。

故郷は北京です。

去年までは会社員でしたが、今は留学生です。

私は大学生ではありませんでした。高校生でした。

陳さんは留学生ではありませんでした。会社員でした。

私の専攻は英文学で、趣味はテニスです。

田中さんの専攻は法学で、趣味はバスケットボールです。

私と田中さんは同い年です。

꼭 외워두세요~ | 즐거운 일본어 인사말(첫 대면, 만남) 익히기

はじめまして。	처음 뵙겠습니다.
どうぞよろしくお願(ねが)いします。	잘 부탁드립니다.
おはようございます。	안녕하세요.(아침인사)
こんにちは。	안녕하세요.(점심인사)
こんばんは。	안녕하세요.(저녁인사)

확인학습

1 ~は~です

① 私(わたし)は大学生(だいがくせい)です。

② 前田(まえだ)さんは銀行員(ぎんこういん)です。

③ 岡田(おかだ)さんは医者(いしゃ)です。

2 ~は~ではありません

① 私(わたし)は大学生(だいがくせい)ではありません。

② 前田(まえだ)さんは銀行員(ぎんこういん)ではありません。

③ 岡田(おかだ)さんは医者(いしゃ)ではありません。

3 ~は~でした

① 私(わたし)は大学生(だいがくせい)でした。

② 前田(まえだ)さんは銀行員(ぎんこういん)でした。

③ 岡田(おかだ)さんは医者(いしゃ)でした。

4 ~は~ではありませんでした

① 私(わたし)は大学生(だいがくせい)ではありませんでした。

② 前田(まえだ)さんは銀行員(ぎんこういん)ではありませんでした。

③ 岡田(おかだ)さんは医者(いしゃ)ではありませんでした。

5 ～は～で、～は～です

① 私は大學生で、木村さんは大學院生です。

② 前田さんは銀行員で、岡田さんは医者です。

③ 前田さんは女性で、岡田さんは男性です。

본문해설

☑ 「は」는 주제를 나타내며, 한국어 「은(는)」에 대응한다. 「です」는 주제에 대한 해설을 나타내며 한국어의 「입니다」에 대응하는 정중한 의미를 갖는 표현이다. 정중하지 않은 보통형의 명사문에는 「は」와 「だ」를 사용하게 되며 「だ」는 한국어 「(이)다」에 대응한다.

☞ 故郷はソウルです。(고향은 서울입니다.)
☞ 故郷は北京だ。 (고향은 베이징이다.)

☑ 「でした」는 「です」의 과거형이다. 한국어 「이었습니다」에 대응한다.

☞ 去年までは高校生でした。(작년까지는 고등학생이었습니다.)

☑ 「ではありません」은 「です」의 부정형식으로 한국어 「이(가) 아닙니다」에 대응하며, 「ではありませんでした」는 「でした」의 부정형식으로 한국어 「이(가) 아니었습니다」에 대응한다.

☞ 陳さんは中国人ではありません。 (진 씨는 중국인이 아닙니다.)
☞ 私は大学生ではありませんでした。(저는 대학생이 아니었습니다.)

☑ 「が」는 앞의 내용과 상반된 내용을 표현할 때 사용한다. 한국어 「이(하)지만」에 대응한다. 「が」앞에 명사가 오면, 주격조사로써의 기능을 하게 되며, 이 경우 한국어 「이(가)」에 대응하게 된다.

☞ 去年までは会社員でしたが、今は留学生です。
(작년까지는 회사원이었지만, 지금은 유학생입니다.)
☞ 田中さんが(다나카 씨가) / 私が(제가) / 大学生が(대학생이) / 中国人が(중국인이)

☑ 「の」는 명사와 명사를 연결하는 역할을 한다. 한국어 「의」에 대응하지만, 한국

어에서는 「의」를 생략하는 것이 자연스러운 경우가 많다.

☞ 田中さんの専攻(다나카 씨의 전공)

☑ 「で」는 명사나 형용사에 붙어서 한국어로 「이(하)고, 이(하)며」의 의미를 나타낸다.

☞ 田中さんの専攻は法学で、趣味はバスケットボールです。
(다나카 씨의 전공은 체육학이고, 취미는 농구입니다.)

☑ 「と」는 한국어 「와(과)」에 대응하며, 열거를 나타낸다.

☞ テニスとバスケットボール(테니스와 농구)

☑ 「まで」는 한국어 「까지」에 대응하며, 상태나 동작의 한계점을 나타낸다.

☞ 去年までは高校生でした。(작년까지는 고등학생이었습니다.)

연습문제

1 다음 단어를 히라가나는 한자로 한자는 히라가나로 쓰시오.

(1) 大学生 (　　　　　　　)	(5) せんこう (　　　　　　　)
(2) 会社員 (　　　　　　　)	(6) しゅみ (　　　　　　　)
(3) 留学生 (　　　　　　　)	(7) きょねん (　　　　　　　)
(4) 法学 (　　　　　　　)	(8) いま (　　　　　　　)

2 다음 보기와 같이 문장을 만드시오.

> 보기 は、ロシア人、私、です
> ➡ 私はロシア人です。

(1) 警察官(けいさつかん)、は、木村(きむら)さん、ではありません

➡ 木村さんは______________________________

(2) 野球選手(やきゅうせんしゅ)、は、王(おう)さん、です

➡ 王さんは______________________________

(3) です、友達(ともだち)、の、は、消防士(しょうぼうし)、マイケルさん

➡ マイケルさんの______________________________

(4) の、ソウル、です、首都(しゅと)、は、韓国(かんこく)

➡ 韓国の______________________________

(5) 橋本(はしもと)さん、友達(ともだち)、は、私(わたし)、の、です

➡ 私の______________________________

3 다음 보기와 같이 문장을 바꾸시오.

> **보기** 私はオランダ人です。⇔ <u>私はオランダ人ではありません</u>。
> 私は公務員ではありませんでした。⇔ <u>私は公務員でした</u>。

(1) 田村(たむら)さんは歌手(かしゅ)です。

➡ ______________________

(2) 佐藤(さとう)さんはタレントでした。

➡ ______________________

(3) 石川(いしかわ)さんは画家(がか)ではありませんでした。

➡ ______________________

(4) 藤本(ふじもと)さんはパイロットではありません。

➡ ______________________

(5) 小泉(こいずみ)さんは研究員(けんきゅういん)でした。

➡ ______________________

4 주어진 단어를 사용하여 다음 문장을 일본어로 번역하시오.

(1) 다나카 씨는 일본인입니다.(田中, 日本人)

➡ ______________________

(2) 저는 다나카 씨와 동갑입니다.(同い年)

➡ ______________________

(3) 존슨 씨는 프랑스인이 아닙니다.(ジョンソン, フランス人)

➡ ______________________

(4) 저는 중학생이었습니다.(中学生)

➡ ______________________

(5) 저는 초등학생이 아니었습니다.(小学生)

➡ ______________________

단어정리 * *

본문

私(わたし) 저, 나
~は ~은(는)
日本人(にほんじん) 일본인
~ではありません ~이(가) 아닙니다
~です ~입니다
韓国人(かんこくじん) 한국인
故郷(こきょう) 고향
ソウル 서울
去年(きょねん) 작년
~まで ~까지
~が ~이지만
今(いま) 지금
大学生(だいがくせい) 대학생
留学生(りゅうがくせい) 유학생
~さん ~씨
北京(ベキン) 베이징
会社員(かいしゃいん) 회사원
高校生(こうこうせい) 고등학생
~の ~의
専攻(せんこう) 전공
趣味(しゅみ) 취미
テニス 테니스
法学(ほうがく) 법학
バスケットボール 농구
~と ~과(와)
同(おな)い年(どし) 동갑

확인학습

銀行員(ぎんこういん) 은행원
大学院生(だいがくいんせい) 대학원생
女性(じょせい) 여성
男性(だんせい) 남성

연습문제

ロシア人(じん) 러시아인(사람)
警察官(けいさつかん) 경찰관
野球選手(やきゅうせんしゅ) 야구선수
友達(ともだち) 친구
消防士(しょうぼうし) 소방관
首都(しゅと) 수도
オランダ人(じん) 네덜란드인(사람)
公務員(こうむいん) 공무원
歌手(かしゅ) 가수
タレント 탤런트
画家(がか) 화가
パイロット 파일럿(비행기조종사)
研究員(けんきゅういん) 연구원
フランス人(じん) 프랑스인(사람)
中学生(ちゅうがくせい) 중학생
小学生(しょうがくせい) 초등학생

03

これはりょうりのほんです。

03

これはりょうりのほんです。

これは何(なん)ですか。

それは電子辞書(でんしじしょ)です。その電子辞書(でんしじしょ)は田中(たなか)さんのです。

それは何(なん)ですか。

これは料理(りょうり)の本(ほん)です。この料理(りょうり)の本(ほん)は韓智媛(ハンジウオン)さんのです。

あれは何(なん)ですか。

あれは病院(びょういん)です。あの病院(びょういん)は大学病院(だいがくびょういん)です。

コピー室(しつ)はどこですか。

コピー室(しつ)はあそこです。

それでは、売店(ばいてん)はどこですか。

売店(ばいてん)はあそこです。

꼭 외워두세요~ | 즐거운 일본어 지시어 익히기

	근칭	중칭	원칭	부정칭
사물	これ	それ	あれ	どれ
장소	ここ	そこ	あこ	どこ
지정	この(本)	その(本)	あの(本)	どの(本)

확인학습

1 ~は何ですか

① これは何(なん)ですか。
それは手帳(てちょう)です。

② それは何(なん)ですか。
これは通帳(つうちょう)です。

③ あれは何(なん)ですか。
あれは交番(こうばん)です。

2 ~はどこですか。

① 図書館(としょかん)はどこですか。
図書館(としょかん)はあそこです。

② 体育館(たいいくかん)はどこですか。
体育館(たいいくかん)はそこです。

③ 駅(えき)はどこですか。
駅(えき)はあそこです。

3 これ·それ·あれは~です / この·その·あの~は~のです

① これは雑誌(ざっし)です。
この雑誌(ざっし)は金敏英(キムミンヨン)さんのです。

② それは手帳(てちょう)です。
その手帳(てちょう)は李韓洙(イハンス)さんのです。

③ あれはボールペンです。
あのボールペンは森(もり)さんのです。

본문해설

☑ 「か」는 의문을 나타내는 조사이며 한국어 「까」의 의미를 나타낸다. 일본어에서는 의문문을 나타낼 때 의문을 강조하는 경우가 아니라면 「?」를 사용하지 않고 마침표인 「。」를 사용한다.

☞ あれは何ですか。(저것은 무엇입니까?)

☑ 「これ, それ, あれ」는 사물을 가리킬 때 사용하는 지시어로 각각 한국어의 「이것, 그것, 저것」에 대응한다. 말하는 사람에게서 가까운 것은 「これ」, 듣는 사람에게서 가까운 것은 「それ」, 말하는 사람과 듣는 사람 모두에게서 떨어져 있는 것은 「あれ」로 가리키며, 불확실한 것을 가리킬 때는 「どれ」를 사용한다.

☞ これは料理の本です。 (이것은 요리 책입니다.)
☞ 電子辞書はどれですか。(전자사전은 어느 것입니까?)

☑ 「この, その, あの」는 한국어의 「이, 그, 저」에 대응하며, 뒤에 오는 명사를 수식하는 경우에 사용한다. 위치 관계는 앞서 설명한 「これ, それ, あれ」와 같다. 불확실한 내용을 수식할 때는 「どの」를 사용한다.

☞ この料理の本(이 요리 책), その電子辞書(그 전자사전)

☑ 「ここ, そこ, あそこ」는 한국어의 「여기, 거기, 저기」에 대응하며 장소를 지시할 때 사용한다. 장소를 묻고자 할 때는 「どこ」를 사용하며, 위치관계는 「これ, それ, あれ」와 유사하지만, 「そこ」의 경우, 말하는 사람과 듣는 사람의 중간 위치나 전화상에서 상대방의 위치를 나타낼 경우에 주로 사용된다는 점에 유의할 필요가 있다.

☞ コピー室はどこですか。(복사실은 어디입니까?)
☞ そこはどこですか。 (거기는 어디입니까?)

☑ 「の」에 이어지는 단어가 명사가 아닌 「です」 또는 조사일 경우, 그 의미가 한국어의 「의」가 아닌, 「의 것」에 대응한다. 대화상에 등장하는 명사의 반복사용을 피하기 위해서이다.

☞ この電子辞書は韓智娘さんのです。(그 전자사전은 한지원 씨의 것입니다.)

연습문제

1 다음 단어를 히라가나는 한자로 한자는 히라가나로 쓰시오.

(1) 料理 (　　　　　　　)　(5) だいがく (　　　　　　　)

(2) 病院 (　　　　　　　)　(6) ほん (　　　　　　　)

(3) 売店 (　　　　　　　)　(7) じしょ (　　　　　　　)

(4) 電子 (　　　　　　　)　(8) なん (　　　　　　　)

2 다음 보기와 같이 질문에 답하시오.

보기 これは何ですか。(手帳)
➡ それは手帳です。

(1) それは何ですか。(クレジットカード)

➡ ______________________________

(2) あれは何ですか。(財布(さいふ))

➡ ______________________________

(3) これは何ですか。(書類(しょるい))

➡ ______________________________

(4) それは何ですか。(ペンケース)

➡ ______________________________

(5) これは何ですか。(電卓(でんたく))

➡ ______________________________

3 다음 보기와 같이 문장을 바꾸시오.

보기 あれは英文学の本です。(熊谷さん) ➡ あの英文学の本は熊谷さんのです。
あの英文学の本は熊谷さんのです。 ➡ あれは英文学の本です。

(1) これは経済学(けいざいがく)の本です。(菅川(すげかわ)さん)

➡ ______________________________

(2) それはメモ帳(ちょう)です。(吉本(よしもと)さん)

➡ ______________________________

(3) あれは仮名練習帳(かなれんしゅうちょう)です。(金(キム)さん)

➡ ______________________________

(4) そのヨーガの雑誌(ざっし)は川島(かわしま)さんのです。

➡ ______________________________

(5) このラジカセは細川(ほそかわ)さんのです。

➡ ______________________________

4 주어진 단어를 사용하여 다음 문장을 일본어로 번역하시오.

(1) 그것은 통장입니다.(通帳)

➡ ______________________________

(2) 이것은 음악책입니다.(音楽, 本)

➡ ______________________________

(3) 우체국은 어디입니까.(郵便局, どこ)

➡ ______________________________

(4) 저기는 체육관입니다.(体育館)

➡ ______________________________

(5) 저 우산은 요시모토 씨의 것입니다.(傘, 吉本)

➡ ______________________________

단어정리 * ✻

본문

何(なん) 무엇
~か ~까(의문의 의미를 나타내는 조사)
これ 이것
それ 그것
その 그
電子辞書(でんしじしょ) 전자사전
~の ~의 것
あれ 저것
料理(りょうり) 요리
この 이
病院(びょういん) 병원
あの 저(그)
大学病院(だいがくびょういん) 대학병원
コピー室(しつ) 복사실
どこ 어디
あそこ 저기
売店(ばいてん) 매점
そこ 거기

확인학습

手帳(てちょう) 수첩
通帳(つうちょう) 통장
交番(こうばん) 파출소
図書館(としょかん) 도서관
体育館(たいいくかん) 체육관
駅(えき) 역
雑誌(ざっし) 잡지
ボールペン 볼펜

연습문제

クレジットカード 신용카드
財布(さいふ) 지갑
書類(しょるい) 서류
ペンケース 필통
電卓(でんたく) 전자계산기
経済学(けいざいがく) 경제학
メモ帳(ちょう) 메모장
仮名練習帳(かなれんしゅうちょう) 가나연습장
ヨーガ 요가
ラジカセ 카세트라디오
音楽(おんがく) 음악

MEMO
NOTE

04

なつやすみはいつからですか。

04

なつやすみはいつからですか。

夏休みはいつからですか。

6月17日からです。

冬休みはいつまでですか。

2月28日までです。

新学期はいつからですか。

3月2日からです。

期末テストはいつからいつまでですか。

5月30日の月曜日から6月4日の金曜日までです。

田中さんの誕生日はいつでしたか。

先月の1日でした。

꼭 외워두세요~ | 즐거운 일본어 월/일 익히기

一月(いちがつ)	二月(にがつ)	三月(さんがつ)	四月(しがつ)	五月(ごがつ)	六月(ろくがつ)	七月(しちがつ)
八月(はちがつ)	九月(くがつ)	十月(じゅうがつ)	十一月(じゅういちがつ)	十二月(じゅうにがつ)	何月(なんがつ) 몇 월	
今月(こんげつ) 이번 달		先月(せんげつ) 지난 달		来月(らいげつ) 다음 날		

一日(ついたち)	二日(ふつか)	三日(みっか)	四日(よっか)	五日(いつか)	六日(むいか)	七日(なのか)
八日(ようか)	九日(ここのか)	十日(とおか)	十一日(じゅういちにち)	十二日(じゅうににち)	十三日(じゅうさんにち)	十四日(じゅうよっか)
十五日(じゅうごにち)	二十日(はつか)	二十一日(にじゅういちにち)	二十四日(にじゅうよっか)	二十五日(にじゅうごにち)	三十一日(さんじゅういちにち)	何日(なんにち) 며칠
今日(きょう) 오늘		昨日(きのう) 어제		明日(あした) 내일		

확인학습

1 ~はいつからですか

① 冬休みはいつからですか。
12月26日からです。

② 講習会はいつからですか。
4月1日からです。

③ 展示会はいつからですか。
10月20日からです。

2 ~はいつまでですか

① 試験はいつまでですか。
9月19日までです。

② 日本旅行はいつまでですか。
1月3日までです。

③ アジア大会はいつまでですか。
11月4日までです。

3 ~はいつですか / ~はいつでしたか

① 鈴木先生の結婚式はいつですか。
来月の6日です。

② サムエルさんのピアノ演奏会はいつですか。
今月の14日です。

③ 高橋さんの卒業式はいつでしたか。
先月の21日でした。

본문해설

☑ 「から」는 한국어 「부터, 에서」에 대응하며, 동작의 기점이나 차례, 경로 등의 의미를 나타낸다.

☞ 夏休みはいつからですか。(여름방학은 언제부터 입니까?)

☑ 「一」라는 한자어 숫자를 한국어로 읽는 방식은 「일」이다. 「일」은 「하나」를 뜻하게 되는데, 일본어의 경우에도 「일」에 대응하는 「いち」와 「하나」에 대응하는 「ひとつ」가 있다. 「いち」와 같이 읽는 것을 한자어수사라고 하며, 「ひとつ」와 같이 읽는 것을 고유어수사라고 한다. 일본어의 경우, 고유어수사의 읽기는 한국어의 「열」에 대응하는 「とお」까지이다.

☞ 一(いち) 二(に) 三(さん) 四(し/よん) 五(ご) 六(ろく) 七(しち/なな) 八(はち) 九(きゅう/く) 十(じゅう) 十一(じゅういち) 十二(じゅうに) 十三(じゅうさん) 十四(じゅうよん)....
百(ひゃく)....千(せん)....万(まん)

☞ 一(ひと)つ 二(ふた)つ 三(みっ)つ 四(よっ)つ 五(いつ)つ 六(むっ)つ 七(なな)つ 八(やっ)つ 九(ここの)つ 十(とお) いくつ 몇 개

☑ 요일표현은 한국어와 동일하게 한자어를 가나로 음독해서 사용하면 된다. 주일표현도 한자어를 가나로 음독하는 방식이다.

☞ 月曜日(げつようび) 월요일　火曜日(かようび) 화요일　水曜日(すいようび) 수요일　木曜日(もくようび) 목요일
金曜日(きんようび) 금요일　土曜日(どようび) 토요일　日曜日(にちようび) 일요일　何曜日(なんようび) 무슨 요일

☞ 先週(せんしゅう) 지난 주　今週(こんしゅう) 이번 주　来週(らいしゅう) 다음 주

연습문제

1 다음 단어를 히라가나는 한자로 한자는 히라가나로 쓰시오.

(1) 誕生日 (　　　　　　　)　　(5) なつやすみ (　　　　　　　)

(2) 二日 (　　　　　　　)　　(6) きまつ (　　　　　　　)

(3) 月曜日 (　　　　　　　)　　(7) せんげつ (　　　　　　　)

(4) 一日 (　　　　　　　)　　(8) がっき (　　　　　　　)

2 아래 도요타 씨의 달력을 참조하여 다음 보기와 같이 질문에 답하시오.

6月

日	月	火	水	木	金	土
1	**2** 운동회	**3** 운동회	**4** 운동회	5	**6** 오늘	7
8	**9** 시험	**10** 시험	**11** 시험	**12** 시험	**13** 시험	14
15	16	17	18	19	20	21
22	23	24	25	26	**27** 국내여행	**28** 국내여행
29	30					

7月

日	月	火	水	木	金	土
		1	2	3	4	5
6	**7** 방학→	8	9	10	11	12
13	14	15	16	17	18	19
20	21	22	23	24	25	**26** 내 생일
27	**28** 일본여행	**29** 일본여행	**30** 일본여행	**31** 일본여행		

보기 夏休みはいつからですか。
➡ 7月7日からです。

(1) 試験(しけん)はいつからいつまでですか。

➡ ______________________________

(2) 国内旅行(こくないりょこう)はいつからですか。

➡ ______________________________

(3) 運動会はいつからいつまでですか。

➡ ______________________________

(4) 豊田さんの誕生日はいつですか。

➡ ______________________________

(5) 日本旅行はいつからいつまでですか。

➡ ______________________________

3 다음 보기와 같이 질문에 답하시오.

> 보기 田中さんの卒業式はいつでしたか。(先月, 15日)
> ➡ 先月の15日でした。

(1) 細田さんの入学式はいつでしたか。(3月5日, 水曜日)

➡ ______________________________

(2) 会議はいつでしたか。(11月12日, 木曜日)

➡ ______________________________

(3) 演奏会はいつでしたか。(先月, 20日)

➡ ______________________________

(4) 体育会はいつでしたか。(6月11日, 日曜日)

➡ ______________________________

(5) 川島さんの誕生日はいつでしたか。(先月, 14日)

➡ ______________________________

4 주어진 단어를 사용하여 다음 문장을 일본어로 번역하시오.

(1) 봄방학은 언제부터입니까?(春休み)

➡ ______________________________

(2) 성인식은 언제입니까?(成人式)

➡ ______________________________

(3) 발표회는 5월 30일이었습니다.(発表会)

➡ ______________________________

(4) 금요일부터 일요일까지 여행입니다.(金曜日, 日曜日, 旅行)

➡ ______________________________

(5) 이사는 언제입니까?(引っ越し)

➡ ______________________________

단어정리

본문

夏休(なつやす)み 여름방학
いつ 언제
~から ~부터
~月(がつ) ~월
~日(にち, か) ~일
~まで ~까지
新学期(しんがっき) 신학기
期末(きまつ)テスト 기말시험
月曜日(げつようび) 월요일
金曜日(きんようび) 금요일
誕生日(たんじょうび) 생일
先月(せんげつ) 지난 달

확인학습

冬休(ふゆやす)み 겨울방학
講習会(こうしゅうかい) 강습회
展示会(てんじかい) 전시회
旅行(りょこう) 여행
アジア大会(たいかい) 아시안게임
先生(せんせい) 선생님
結婚式(けっこんしき) 결혼식
来月(らいげつ) 다음 달
卒業式(そつぎょうしき) 졸업식
ピアノ 피아노
演奏会(えんそうかい) 연주회
今月(こんげつ) 이번 달

연습문제

国内(こくない) 국내
運動会(うんどうかい) 운동회
入学式(にゅうがくしき) 입학식
水曜日(すいようび) 수요일
会議(かいぎ) 회의
木曜日(もくようび) 목요일
体育会(たいいくかい) 체육회
日曜日(にちようび) 일요일
成人式(せいじんしき) 성인식
発表会(はっぴょうかい) 발표회
引(ひ)っ越(こ)し 이사

* *
MEMO
NOTE

05

じょうえいじかんはどれぐらいですか。

05

じょうえいじかんはどれぐらいですか。

サービスセンターの開館時間(かいかんじかん)は何時(なんじ)ですか。

午前(ごぜん)9時(じ)半(はん)です。

それでは、閉館時間(へいかんじかん)は何時(なんじ)ですか。

午後(ごご)5時(じ)です。

昼休(ひるやす)みは何時(なんじ)までですか。

1時(じ)までです。

今(いま)、何時(なんじ)ですか。

3時(じ)40分(ぷん)です。4時(じ)から日本語会話(にほんごかいわ)のテストです。

この映画(えいが)の上映時間(じょうえいじかん)はどれぐらいですか。

2時間(じかん)ぐらいです。

꼭 외워두세요~ | 즐거운 일본어 음식이름 익히기

うどん	우동	牛丼(ぎゅうどん)	소고기덮밥	天(てん)ぷら	튀김
そば	메밀국수	親子丼(おやこどん)	닭계란덮밥	寿司(すし)	초밥
天丼(てんどん)	튀김덮밥	カツ丼(どん)	돈까스덮밥	おにぎり	주먹밥

확인학습

1 ～は何時ですか

① デパートのオープン時間(じかん)は何時(なんじ)ですか。

午前(ごぜん)10時(じ)です。

② テストの開始時間(かいしじかん)は何時(なんじ)ですか。

午後(ごご)4時(じ)です。

③ 図書館(としょかん)の開館時間(かいかんじかん)は何時(なんじ)ですか。

午前(ごぜん)9時半(じはん)です。

2 今、何時ですか

① 今(いま)、何時(なんじ)ですか。

12時(じ)20分(ぷん)です。

② 今(いま)、何時(なんじ)ですか。

ちょうど、5時(じ)です。

③ 今(いま)、何時(なんじ)ですか。

11時(じ)55分(ふん)です。

3 ～はどれぐらいですか

① この歌舞伎(かぶき)の上演時間(じょうえんじかん)はどれぐらいですか。

4時間(じかん)ぐらいです。

② この店(みせ)の営業時間(えいぎょうじかん)はどれぐらいですか。

8時間(じかん)ぐらいです。

③ サッカーの試合時間(しあいじかん)はどれぐらいですか。

90分(ぷん)ぐらいです。

본문해설

☑ 「今、何時ですか」는 현재 시각을 묻는 표현이다. 「今」를 생략하고 「何時ですか」라고도 사용되지만, 이 경우, 특정한 목적을 위한 시각을 묻고자 하는 경우에 한정해서 사용하는 것이 일반적이다.

☞ 閉館時間は何時ですか。(폐관시간은 몇 시입니까?)

☑ 「それでは」는 한국어 「그러면, 그렇다면」에 대응하는 접속사이다. 회화체에서는 「それじゃ」의 형태로 사용하기도 하고, 「それ」를 생략한 「では」의 형태로 사용되기도 하지만, 「それで」와 같이 「は」만이 생략되면, 본래의 의미에서 벗어난 「그래서, 그런데」의 의미가 되므로, 그 사용법에 유의해야 한다.

☞ それでは(では、それじゃ)、閉館時間は何時ですか。
(그러면, 폐관시간은 몇 시입니까?)

☑ 「ぐらい」는 한국어의 「정도, 만큼」에 대응하는 조사이다. 「くらい」라고도 발음되며, 발음이 달라도 「ぐらい」와 「くらい」의 의미의 차이는 없다.

☞ この映画の上映時間はどれぐらいですか。
(이 영화의 상영시간은 어느 정도입니까?)
2時間くらいです。(두 시간 정도입니다.)

☑ 일본어로 시각을 나타내고자 할 때, 숫자에 시(時)와 분(分)을 붙이는 방식은 한국어와 동일하지만, 한국어와는 달리 일본어의 경우에는 숫자를 음독한 후에 「時」와 「分」를 붙여 사용한다. 분(分) 읽기의 경우 숫자와 「分」의 읽기에 차이가 있는 경우가 있으므로 각별히 유의해야 한다.

☞ 一時(いちじ) 二時(にじ) 三時(さんじ) 四時(よじ) 五時(ごじ) 六時(ろくじ) 七時(しちじ) 八時(はちじ) 九時(くじ) 十時(じゅうじ) 十一時(じゅういちじ)
十二時(じゅうにじ) 午前(ごぜん) 오전 午後(ごご) 오후 ちょうど 정각 何時(なんじ) 몇 시

☞ 一分(いっぷん) 二分(にふん) 三分(さんぷん) 四分(よんぷん) 五分(ごふん) 六分(ろっぷん) 七分(ななふん) 八分(はっぷん) 九分(きゅうふん) 十分(じっぷん) 十一分(じゅういっぷん)
十二分(じゅうにふん) 十三分(じゅうさんぷん)....二十九分(にじゅうきゅうふん) 三十分(さんじっぷん)....五十九分(ごじゅうきゅうふん) 何分(なんぷん) 몇 분 半(はん) 반(30분)

연습문제

1　다음 단어를 히라가나는 한자로 한자는 히라가나로 쓰시오.

(1) 閉館時間 (　　　　　　)	(5) ひるやすみ (　　　　　　)
(2) 何時 (　　　　　　)	(6) えいが (　　　　　　)
(3) 午前 (　　　　　　)	(7) かいわ (　　　　　　)
(4) 午後 (　　　　　　)	(8) じょうえい (　　　　　　)

2　다음 보기와 같이 질문에 히라가나로 답하시오.

> 보기 試験は何時からですか。(10時)
> ➡ じゅうじからです。

(1) 面接(めんせつ)は何時からですか。(4時半)

➡ ____________________

(2) 今(いま)、何時ですか。(9時14分)

➡ ____________________

(3) 橋本(はしもと)さんの送別会(そうべつかい)は何時からですか。(午後7時)

➡ ____________________

(4) 韓国語(かんこくご)のテストは何時までですか。(12時50分)

➡ ____________________

(5) 集合(しゅうごう)時間は何時ですか。(午前8時30分)

➡ ____________________

3 다음 보기와 같이 질문에 맞는 답을 고르시오.

보기 今、何時ですか。(じゅうにじさんじゅうごふん)
→ ② ① 12:45 ② 12:35 ③ 12:25

(1) 今(いま)、何時ですか。(じゅういちじにじゅうよんぷん)
→ ______ ① 11:14 ② 11:24 ③ 11:13

(2) 今(いま)、何時ですか。(ごごいちじはっぷん)
→ ______ ① 13:19 ② 13:08 ③ 1:09

(3) 今(いま)、何時ですか。(ごぜんよじじゅうきゅうふん)
→ ______ ① 4:16 ② 16:18 ③ 4:19

(4) 今(いま)、何時ですか。(ちょうどじゅうにじ)
→ ______ ① 12:30 ② 12:00 ③ 12:12

(5) 今(いま)、何時ですか。(ごごしちじはん)
→ ______ ① 19:30 ② 17:25 ③ 17:30

4 주어진 단어를 사용하여 다음 문장을 일본어로 번역하시오.

(1) 가부키 공연은 몇 시부터입니까?(歌舞伎, 公演)
→ ______________________________

(2) 축구 시합은 몇 시까지입니까?(サッカー, 試合)
→ ______________________________

(3) 이 오페라 상연시간은 어느 정도입니까?(オペラ, 上演時間)
→ ______________________________

(4) 핸드볼 시합은 60분 정도입니다.(ハンドボール)
→ ______________________________

(5) 파티는 오후 일곱 시부터입니다.(パーティー, 午後)
→ ______________________________

단어정리 * ✻

본문

サービスセンター 서비스센터
開館時間(かいかんじかん) 개관시간
午前(ごぜん) 오전
~時(じ) ~시
半(はん) 반, 절반
閉館時間(へいかんじかん) 폐관시간
午後(ごご) 오후
昼休(ひるやす)み 점심시간
今(いま) 지금
~分(ふん, ぶん, ぷん) ~분
日本語会話(にほんごかいわ) 일본어회화
映画(えいが) 영화
上映時間(じょうえいじかん) 상영시간
どれぐらい 어느 정도

확인학습

デパート 백화점
オープン 오픈, 개업, 개장
開始時間(かいしじかん) 개시시간, 시작시간
ちょうど 정각
歌舞伎(かぶき) 가부키(일본의 전통적 민중 연극의 하나)
上演(じょうえん) 상연
営業(えいぎょう) 영업
サッカー 축구
試合(しあい) 시합

연습문제

面接(めんせつ) 면접
送別会(そうべつかい) 송별회
韓国語(かんこくご) 한국어
集合(しゅうごう) 집합
公演(こうえん) 공연
オペラ 오페라
ハンドボール 핸드볼
パーティー 파티

* *
MEMO
NOTE

06

わたしのへやはせまいです。

06

わたしのへやはせまいです。

私の部屋は狭いです。壁は青いです。机と椅子は黒いです。

ブラインドは薄い茶色です。

姉の部屋は狭くありません。私の部屋より広いです。壁は白いです。

ベッドは黄色いです。机は私のと同じ色ですが、椅子は緑色です。

昨日のレストランのステーキは柔らかくておいしかったです。

それに、駅からも近いし、値段も安くて、本当に良かったです。

この町は盆地だから冬はとても寒くて、夏は暑いです。

去年の8月は雨も多くて、蒸し暑かったですが、

今年は暑くありませんので過ごしやすいです。先月もそれほど暑くありませんでした。

꼭 외워두세요~ | 즐거운 일본어 색 이름 익히기

赤(あか)	빨강	白(しろ)	하양	青(あお)	파랑
黄(き)	노랑	茶(ちゃ)	갈색	紫(むらさき)	보라색
黒(くろ)	검정	緑(みどり)	녹색	ピンク	핑크

확인학습

1 ～は[～い]です

① 妹(いもうと)のかばんは黒(くろ)いです。

② その本(ほん)の表紙(ひょうし)は黄色(きいろ)いです。

③ 佐藤(さとう)さんの髪(かみ)は長(なが)いです。

2 ～は[～く]ありません

① 妹(いもうと)のかばんは黒(くろ)くありません。

② その本(ほん)の表紙(ひょうし)は黄色(きいろ)くありません。

③ 佐藤(さとう)さんの髪(かみ)は長(なが)くありません。

3 ～は[～く]て、[～い]です

① 妹(いもうと)のかばんは黒(くろ)くて小(ちい)さいです。

② その本(ほん)の表紙(ひょうし)は黄色(きいろ)くて薄(うす)いです。

③ 佐藤(さとう)さんの髪(かみ)は長(なが)くて美(うつく)しいです。

4 ～は[～かっ]たです

① 妹(いもうと)のかばんは黒(くろ)かったです。

② その本(ほん)の表紙(ひょうし)は黄色(きいろ)かったです。

③ 佐藤(さとう)さんの髪(かみ)は長(なが)かったです。

5 ～は[～く]ありませんでした

① 妹(いもうと)のかばんは黒(くろ)くありませんでした。

② その本(ほん)の表紙(ひょうし)は黄色(きいろ)くありませんでした。

③ 佐藤(さとう)さんの髪(かみ)は長(なが)くありませんでした。

본문해설

☑ 형용사는 명사와는 달리 그 형태가 변하여 과거형으로 활용되기도 하는 품사이며, 사물의 형태나 성질을 나타낸다. 일본어의 형용사에는 두 종류가 있는데, 그 중에서 명사를 수식하는 형태가 「白い」나 「黒い」와 같이 단어의 끝이 「い」인 경우를 イ형용사라고 한다. イ형용사는 「い」로 끝난 형태에 「です」를 붙이면 정중형이 된다. 형용사나 동사의 단어 끝의 활용되는 가나를 어미라고 한다.

☞ 白い(하얗다) → 白いです(하얗습니다)

☑ イ형용사의 정중형을 부정형으로 바꾸려면 어미 「い」를 「く」로 바꾸고 「ありません」을 붙이면 된다.

☞ 白いです(하얗습니다) → 白くありません(하얗지 않습니다)

☑ イ형용사의 정중형을 과거형으로 바꾸려면, 「です」는 그대로 두고, 어미 「い」를 「かっ」으로 바꾼 후에 「た」을 붙이면 된다.

☞ 狭いです(좁습니다) → 狭かったです(좁았습니다)

☑ イ형용사의 정중형의 과거형을 부정형으로 바꾸려면 어미 「かった」를 「く」로 바꾼 후에 「ありませんでした」를 접속시킨다.

☞ 夏は暑かったです。(여름은 더웠습니다.)
→ 夏は暑くありませんでした(여름은 덥지 않았습니다)

☑ 한 문장 안에서 형용사가 연속될 때, 앞의 형용사가 イ형용사라면 어미 「い」를 「く」로 바꾸고 「て」를 접속시키게 되는데, 문맥에 따라서 사물의 성질이나 상태를 단순히 나열하는 의미로 사용되거나, 이유 또는 원인의 의미로 사용된다.

☞ 昨日のレストランのステーキは柔らかくておいしかったです。-나열-
(어제 레스토랑의 스테이크는 부드럽고 맛있었습니다.)
☞ 値段も安くて、本当によかったです。-이유-
(가격도 싸서 정말 좋았습니다.)

☑ 「し」는 문의 술어가 될 수 있는 형태에 붙어서 엇갈리는 사항이나 동시에 있는 일을 열거해서 말할 때 사용한다.

☞ この町は冬はとても寒いし、夏は蒸し暑いです。
(이 마을은 겨울은 아주 춥고, 여름은 무덥습니다.)

☑ 「から」와 「ので」는 형용사나 동사 등에 붙어서 이유나 원인의 의미를 나타내며, 한국어 「~(이)기 때문에」, 「~해서」, 「~라서」에 대응한다. 「から」는 주관적이고 개인적인 이유를 말할 때 사용하며, 「ので」는 객관적인 이유나 원인을 들어 말할 때 주로 사용된다.

☞ この町は盆地だから、冬はとても寒くて、夏は暑いです。
(이 마을은 분지라서 겨울은 아주 춥고, 여름은 덥습니다.)
☞ 今年は暑くありませんので過ごしやすいです。
(올해는 덥지 않아서 지내기 좋습니다.)

☑ 일본어의 해를 세는 단위는 다음과 같다. 숫자를 음독한 후에 「年」을 붙여 사용하면 된다.

☞ 一年(いちねん) 二年(にねん) 三年(さんねん) 四年(よねん) 五年(ごねん) 六年(ろくねん) 七年(しちねん) 八年(はちねん) 九年(くねん) 十年(じゅうねん)....百年(ひゃくねん)....
千年(せんねん)....一万年(いちまんねん) 今年(ことし) 올해 去年(きょねん) 작년 来年(らいねん) 내년 何年(なんねん) 몇 년

연습문제

1　다음 단어를 히라가나는 한자로 한자는 히라가나로 쓰시오.

(1) 部屋 (　　　　　　　　)　　(5) まち　(　　　　　　　　)

(2) 机　(　　　　　　　　)　　(6) あつい (　　　　　　　　)

(3) 緑　(　　　　　　　　)　　(7) くろい (　　　　　　　　)

(4) 値段 (　　　　　　　　)　　(8) いろ　(　　　　　　　　)

2　다음 보기와 같이 문장을 만드시오.

보기　安い, 店, いい, あの
➡ あの店は安くていいです。

(1) この, 新(あたら)しい, デパート, 広(ひろ)い

➡ ______________________________

(2) 軽(かる)い, かばん, その, 小(ちい)さい

➡ ______________________________

(3) この, 柔(やわ)らかい, チーズケーキ, おいしい

➡ ______________________________

(4) かっこいい, 岡田(おかだ)さん, 礼儀正(れいぎただ)しい

➡ ______________________________

(5) 甘(あま)い, キャンデー, おいしい, その

➡ ______________________________

3 다음 보기와 같이 문장을 바꾸시오.

보기 この問題は難しいです。(부정) ➡ この問題は難しくありません。
この問題は難しいです。(과거) ➡ この問題は難しかったです。

(1) 村田(むらた)さんは優(やさ)しいです。(부정)

➡ ____________________

(2) 部屋の中(なか)は汚(きたな)いです。(부정)

➡ ____________________

(3) 宮崎(みやざき)さんは若(わか)いです。(과거)

➡ ____________________

(4) この漫画本(まんがぼん)は面白(おもしろ)いです。(부정)

➡ ____________________

(5) 電気(でんき)スタンドは高(たか)いです。(과거)

➡ ____________________

4 주어진 단어를 사용하여 다음 문장을 일본어로 번역하시오.

(1) 백화점은 역에서 가깝습니다.(デパート, 駅, 近い)

➡ ____________________

(2) 바람도 강했습니다.(風, 強い)

➡ ____________________

(3) 이 신발은 싸지 않았습니다.(靴, 安い)

➡ ____________________

(4) 그 맥주는 차갑지 않았습니다.(ビール, 冷たい)

➡ ____________________

(5) 이 와인은 향기가 좋고 맛있습니다.(ワイン, 香りがいい, おいしい)

➡ ____________________

단어정리

본문

部屋(へや) 방
狭(せま)い 좁다
壁(かべ) 벽
青(あお)い 파랗다
机(つくえ) 책상
椅子(いす) 의자
黒(くろ)い 검다
ブラインド 블라인드
薄(うす)い 연하다, 얇다
茶色(ちゃいろ) 갈색
姉(あね) 누나, 언니
～くありません ～하지 않습니다
～より ～보다(비교)
広(ひろ)い 넓다
白(しろ)い 하얗다
ベッド 침대
黄色(きいろ)い 노랗다
同(おな)じ 같은
色(いろ) 색
緑色(みどりいろ) 녹색
昨日(きのう) 어제
レストラン 레스토랑
ステーキ 스테이크
柔(やわ)らかい 부드럽다
おいしい 맛있다
それに 게다가
値段(ねだん) 가격, 값
安(やす)い 싸다
本当(ほんとう)に 정말로
良(い, よ)い 좋다
町(まち) 마을
盆地(ぼんち) 분지
～だ ～(이)다
～から ～(이)기 때문에(원인, 이유)
とても 아주, 대단히, 무척
寒(さむ)い 춥다
暑(あつ)い 덥다
去年(きょねん) 작년
雨(あめ) 비
多(おお)い 많다
蒸(む)し暑(あつ)い 무덥다
今年(ことし) 올 해
～ので ～(이)기 때문에
過(す)ごしやすい 지내기 좋다
それほど 그다지

확인학습

かばん 가방
表紙(ひょうし) 표시
髪(かみ) 머리
長(なが)い 길다
美(うつく)しい 아름답다

연습문제

新(あたら)しい 새롭다
チーズケーキ 치즈케이크
かっこいい 멋지다
礼儀正(れいぎただ)しい 예의바르다
甘(あま)い 달다
問題(もんだい) 문제
難(むずか)しい 어렵다
優(やさ)しい 상냥하다, 쉽다
中(なか) 안, 속
汚(きたな)い 더럽다, 지저분하다
若(わか)い 젊다
漫画本(まんがぼん) 만화책
面白(おもしろ)い 재미있다
電気(でんき)スタンド 전기스탠드
高(たか)い 비싸다, 높다
風(かぜ) 바람
強(つよ)い 강하다
靴(くつ) 신발
ビール 맥주
冷(つめ)たい 차갑다
ワイン 와인, 포도주
香(かお)り 향기

07

スミスさんはまじめなひとです。

07

スミスさんはまじめなひとです。

スミスさんは真面目な人です。

イギリスからの交換留学生で、大学4年生です。

私は外国語が下手ですが、彼は英語もスペイン語も上手で、

それに日本語も上手です。

この温泉旅館はいつもきれいで静かです。

去年もその前の年もそうでした。

だから、私はここが大好きです。空気もきれいですし、景色もいいです。

それに旅館の人たちはみんな親切な人ばかりです。

私は派手な服はあまり好きではありません。地味なのが好きです。

なぜなら、地味な服の方が値段が安いからです。

中学時代(ちゅうがくじだい)は数学(すうがく)があまり苦手(にがて)ではありませんでした。

しかし、今(いま)は数学(すうがく)が一番難(いちばんむずか)しいです。その次(つぎ)に苦手(にがて)な科目(かもく)は歴史(れきし)です。

以前(いぜん)はバナナが好(す)きでしたが、今(いま)は好(す)きではありません。

甘(あま)いものは歯(は)によくないからです。

꼭 외워두세요~ | 즐거운 일본어 신체어휘 익히기

髪(かみ) 머리

耳(みみ) 귀

鼻(はな) 코

腕(うで) 팔

目(め) 눈

口(くち) 입

手(て) 손

足(あし) 다리

확인학습

1 ～は～です

① この靴(くつ)は丈夫(じょうぶ)です。

② あの建物(たてもの)は立派(りっぱ)です。

③ 山本(やまもと)さんはハンサムです。

2 ～は[～な]～です

① これは丈夫(じょうぶ)な靴(くつ)です。

② あれは立派(りっぱ)な建物(たてもの)です。

③ 山本(やまもと)さんはハンサムな人(ひと)です。

3 ～は～で、～です

① この靴(くつ)は丈夫(じょうぶ)で、きれいです。

② あの建物(たてもの)は立派(りっぱ)で、有名(ゆうめい)です。

③ 山本(やまもと)さんはハンサムで、親切(しんせつ)です。

4 ～は～ではありませんでした

① 中村(なかむら)さんは真面目(まじめ)ではありませんでした。

② 花子(はなこ)さんは親切(しんせつ)ではありませんでした。

③ この公園(こうえん)はきれいではありませんでした。

5 ～も～ですし、～も～です

① このレストランは眺めも素晴らしいですし、食べ物もおいしいです。

② 山本さんは顔もきれいですし、歌も上手です。

③ この辺は景色もいいですし、交通も便利です。

본문해설

☑ 명사를 수식할 때, 형용사의 어미가 「な」로 활용되는 「静か」나 「きれい」와 같은 형용사를 ナ형용사라고 한다. 「ナ」형용사는 명사를 수식하는 경우와 뒤에 동사가 오는 경우를 제외하면 명사와 그 사용법이 같다고 보면 된다. 또한, 「ナ」형용사는 사전형과 기본형이 달라서 사전형인 「静か」의 기본형은 「静かだ」가 되고, 「だ」대신 「です」가 사용된 「静かです」가 정중형이 된다. 「静か」와 같이 형용사나 동사의 어미를 제외한 나머지 부분을 어간이라고 한다.

☞ 静か　(조용한 모양, 상태) → 静かな部屋(조용한 방)　-명사수식형-
静か　(조용한 모양, 상태) → 静かだ　(조용하다)　-기본형-
静かだ(조용하다)　→ 静かです　(조용합니다) -정중체-

☑ ナ형용사의 정중형을 부정형으로 바꾸려면 어간에 「では」를 붙이고 「です」 대신에 「ありません」을 붙이면 된다.

☞ 好きです(좋아합니다) → 好きではありません(좋아하지 않습니다)

☑ ナ형용사의 정중형을 과거형으로 바꾸려면, 「です」를 그대로 두고, 어미 「でした」로 바꾸면 된다. 또한, ナ형용사의 정중형의 과거형을 부정형으로 바꾸려면 어간에 「では」를 붙이고 「ありませんでした」를 접속시키면 된다.

☞ 好きです(좋아합니다)　→ 好きでした(좋아했습니다)
好きでした(좋아했습니다) → 好きではありませんでした(좋아하지 않았습니다)

☑ 한 문장 안에서 형용사가 연속될 때, 앞의 형용사가 ナ형용사라면 어간에 「で」를 붙이면 된다. 문맥에 따라서 사물의 성질이나 상태를 단순히 나열하는 의미로 사용되거나, 이유 또는 원인의 의미로 사용된다.

☞ この温泉旅館はいつもきれいで静かです。-나열-
(이 온천여관은 항상 깨끗하고 조용합니다.)
☞ あの店は親切でいいです。-이유-
(그 가게는 친절해서 좋습니다.)

☑ 욕망이나 좋아하고 싫어하는 감정, 잘 하고 못하는 능력과 관련된 형용사 앞에는 조사 「が」가 사용되며, 이 경우, 주로 한국어 「을(를)」에 대응된다.

☞ 私はここが大好きです。
(저는 이곳이 아주 좋습니다. / 저는 이곳을 아주 좋아합니다.)
☞ スミスさんは英語が上手です。(스미스 씨는 영어를 잘 합니다.)

☑ イ 형용사의 기본형은 그 자체로 문장의 술어가 될 수 있다. 따라서 기본형을 부정형으로 바꿀 수도 있는데, 어미 「い」를 「く」로 바꾼 후에 「ない」를 붙이면 된다.

☞ 難しい (어렵다) → 難しくない(어렵지 않다)
☞ い(よ)い(좋다) → いくない (×) → よくない(좋지 않다)

연습문제

1 다음 단어를 히라가나는 한자로 한자는 히라가나로 쓰시오.

(1) 歴史 (　　　　　　　　)	(5) まじめ (　　　　　　　　)
(2) 外国語 (　　　　　　　　)	(6) いぜん (　　　　　　　　)
(3) 景色 (　　　　　　　　)	(7) くうき (　　　　　　　　)
(4) 数学 (　　　　　　　　)	(8) へた (　　　　　　　　)

2 다음 보기와 같이 문장을 만드시오.

보기 きれいだ, 教室, 静かだ, あの ➡ あの教室はきれいで静かです。
食べ物, 好きだ, 寿司 ➡ 好きな食べ物は寿司です。

(1) 本屋(ほんや), 親切(しんせつ)だ, あの, いい

➡ ________________________________

(2) 上手だ, 日本語(にほんご)も, ハンサムだ, ブラウンさん

➡ ________________________________

(3) この, 好(す)きだ, 公園(こうえん), 静(しず)かだ

➡ ________________________________

(4) 池田(いけだ)さん, 得意(とくい)だ, 科学(かがく), 科目(かもく)

➡ ________________________________

(5) 派手(はで)だ, 好(す)きではない, 服(ふく)

➡ ________________________________

3 다음 보기와 같이 문장을 바꾸시오.

> **보기** このネクタイは丈夫です。(부정) ➡ このネクタイは丈夫ではありません。
> このネクタイは丈夫です。(과거) ➡ このネクタイは丈夫でした。

(1) あの人(ひと)のスピーチは立派(りっぱ)です。(과거)

➡

(2) あの選手(せんしゅ)は有名(ゆうめい)です。(부정)

➡

(3) 寿司(すし)は苦手(にがて)です。(과거)

➡

(4) 地村(じむら)さんは元気(げんき)です。(부정)

➡

(5) 城田先生(しろたせんせい)は歌(うた)が上手です。(과거)

➡

4 주어진 단어를 사용하여 다음 문장을 일본어로 번역하시오.

(1) 저 가수는 멋집니다.(歌手, すてきだ)

➡

(2) 저는 단 음식을 싫어합니다.(甘い, 食べ物, 嫌いだ)

➡

(3) 생명은 소중한 것입니다.(命, 大切だ, 物)

➡

(4) 이 문제는 중요하지 않습니다.(問題, 重要だ)

➡

(5) 딸기는 좋아합니다만, 포도는 좋아하지 않습니다.(いちご, 好(す)きだ, ぶどう)

➡

단어정리

본문

真面目(まじめ)だ 착실하다
人(ひと) 사람
イギリス 영국
交換留学生(こうかんりゅうがくせい) 교환유학생
~年生(ねんせい) ~학년
外国語(がいこくご) 외국어
下手(へた)だ 서투르다, 못하다
彼(かれ) 그(3인칭 남성을 가리킴)
英語(えいご) 영어
~も ~도
スペイン語(ご) 스페인어
上手(じょうず)だ 잘하다, 능숙하다
温泉旅館(おんせんりょかん) 온천여관
いつも 늘, 항상, 언제나
きれいだ 깨끗하다, 이쁘다
静(しず)かだ 조용하다
前(まえ) 전, 앞
年(とし) 해, 년
そう 그렇게
大好(だいす)きだ 아주 좋아하다
空気(くうき) 공기
~し ~하고
景色(けしき) 경치
人(ひと)たち 사람들
みんな 모두
親切(しんせつ)だ 친절하다
~ばかり ~만, ~뿐(한정)
派手(はで)だ 화려하다
服(ふく) 옷
あまり 별로, 그다지
地味(じみ)だ 수수하다
なぜなら 왜냐하면
~方(ほう) ~쪽, ~편
中学時代(ちゅうがくじだい) 중학교 때
数学(すうがく) 수학
苦手(にがて)だ 잘 못하다, 상대하기 어렵다
しかし 그러나
一番(いちばん) 제일, 가장
次(つぎ) 다음
科目(かもく) 과목
歴史(れきし) 역사
以前(いぜん) 이전
バナナ 바나나
歯(は) 치아, 이
~くない ~하지 않다

확인학습

丈夫(じょうぶ)だ 질기다, 튼튼하다
立派(りっぱ)だ 훌륭하다
ハンサムだ 잘생기다, 멋지다
好(す)きだ 좋아하다
眺(なが)め 전망
素晴(すば)らしい 멋지다.
食(た)べ物(もの) 음식
顔(かお) 얼굴
歌(うた) 노래
景色(けしき) 경치
交通(こうつう) 교통
便利(べんり)だ 편리하다

연습문제

寿司(すし) 초밥
教室(きょうしつ) 교실
公園(こうえん) 공원
得意(とくい)だ 자신 있게 잘하다
科学(かがく) 과학
ネクタイ 넥타이
スピーチ 스피치
有名(ゆうめい)だ 유명하다
元気(げんき)だ 건강하다
選手(せんしゅ) 선수
すてきだ 멋지다, 근사하다
嫌(きら)いだ 싫어하다
命(いのち) 목숨, 생명
大切(たいせつ)だ 소중하다
物(もの) 것
重要(じゅうよう)だ 중요하다
いちご 딸기
ぶどう 포도

08

まいあさしんぶんをよみます。

08

まいあさしんぶんをよみます。

私の家族は5人です。両親と姉と弟と、私です。父は会社員で、母は公務員です。父は毎朝新聞を読みます。それから、テレビを見ながら朝御飯を食べます。母は料理を作ることが得意です。母の作る料理の中で、一番評判がいいのは魚介類のスパゲティです。スチュワーデスの姉は歌を歌うのが大好きです。近所のカラオケによく行きます。姉の好きな音楽ジャンルはバラードです。私も雰囲気のあるバラードが好きです。弟は中学2年です。名前は悟と言います。走ることが得意で、小学6年生の時からアマチュア・マラソン大会に参加するくらいです。

うちの庭には松の木が2本あります。その中の1本はとても大きいです。30年前に祖父が植えました。今その木の下にいる犬はマリです。マリはハルとシロを生みました。

꼭 외워두세요~ 즐거운 일본어 조수사 익히기

	匹(ひき) 마리	本(ほん) 자루	階(かい) 층	回(かい) 회	個(こ) 개	冊(さつ) 권	才(さい) 살	足(そく) 켤레	枚(まい) 장
1	一匹(いっぴき)	一本(いっぽん)	一階(いっかい)	一回(いっかい)	一個(いっこ)	一冊(いっさつ)	一才(いっさい)	一足(いっそく)	一枚(いちまい)
2	二匹(にひき)	二本(にほん)	二階(にかい)	二回(にかい)	二個(にこ)	二冊(にさつ)	二才(にさい)	二足(にそく)	二枚(にまい)
3	三匹(さんびき)	三本(さんぼん)	三階(さんがい)	三回(さんかい)	三個(さんこ)	三冊(さんさつ)	三才(さんさい)	三足(さんぞく)	三枚(さんまい)
4	四匹(よんひき)	四本(よんほん)	四階(よんかい)	四回(よんかい)	四個(よんこ)	四冊(よんさつ)	四才(よんさい)	四足(よんそく)	四枚(よんまい)
5	五匹(ごひき)	五本(ごほん)	五階(ごかい)	五回(ごかい)	五個(ごこ)	五冊(ごさつ)	五才(ごさい)	五足(ごそく)	五枚(ごまい)
6	六匹(ろっぴき)	六本(ろっぽん)	六階(ろっかい)	六回(ろっかい)	六個(ろっこ)	六冊(ろくさつ)	六才(ろくさい)	六足(ろくそく)	六枚(ろくまい)
7	七匹(ななひき)	七本(ななほん)	七階(ななかい)	七回(ななかい)	七個(ななこ)	七冊(ななさつ)	七才(ななさい)	七足(ななそく)	七枚(ななまい)
8	八匹(はっぴき)	八本(はっぽん)	八階(はっかい)	八回(はっかい)	八個(はっこ)	八冊(はっさつ)	八才(はっさい)	八足(はっそく)	八枚(はちまい)
9	九匹(きゅうひき)	九本(きゅうほん)	九階(きゅうかい)	九回(きゅうかい)	九個(きゅうこ)	九冊(きゅうさつ)	九才(きゅうさい)	九足(きゅうそく)	九枚(きゅうまい)
10	十匹(じゅっぴき)	十本(じゅっぽん)	十階(じゅっかい)	十回(じゅっかい)	十個(じゅっこ)	十冊(じゅっさつ)	十才(じゅっさい)	十足(じゅっそく)	十枚(じゅうまい)

확인학습

1 ~を~ます

① 音楽を聞きます。

② テレビを見ます。

③ 掃除をします。

2 ~が~ます

① ドアが開きます。

② 花が咲きます。

③ 雨が降ります。

3 ~を~ました

① 音楽を聞きました。

② テレビを見ました。

③ 掃除をしました。

4 ~に~があります

① 玄関にスリッパがあります。

② テーブルの上に本があります。

③ コンビにの隣に花屋があります。

5 ～に～がいます

① バス停の前に鈴木さんがいます。

② 居間に両親がいます。

③ 庭に猫がいます。

본문해설

☑ 동사는 어떤 움직임이나 작용을 나타내고자 할 때 사용한다. 형용사와 마찬가지로 어미(語尾)의 활용으로 과거형, 정중형 등의 의미를 나타내게 되며, 자동사와 타동사로 구분할 수 있고 일본어의 경우, 자동사는 조사 「が(이(가))」, 타동사는 동작의 대상을 나타내는 조사 「を(을(를))」와 함께 사용되는 것이 일반적이다. 일본어의 동사는 어미가 모두 ウ단인 것이 특징이며 그 활용법의 차이에 따라서 5단활용동사, 1단활용동사, 변격활용동사의 세 종류로 구분된다. 명사나 형용사에는 「です」가 붙어서 정중형을 만들었지만, 동사는 「ます」를 붙여 정중형을 만든다.

☞ 言う(말하다), 行く(가다), 泳ぐ(헤엄치다), 話す(말하다), 立つ(서다), 遊ぶ(놀다), 死ぬ(죽다), 呼ぶ(부르다), 読む(읽다), 乗る((차에)타다) -5단활용동사-

5단 활용동사	言(い)う	言(い)います	遊(あそ)ぶ	遊(あそ)びます
	行(い)く	行(い)きます	死(し)ぬ	死(し)にます
	泳(およ)ぐ	泳(およ)ぎます	呼(よ)ぶ	呼(よ)びます
	話(はな)す	話(はな)します	読(よ)む	読(よ)みます
	立(た)つ	立(た)ちます	乗(の)る	乗(の)ります

☞ 見る(보다), いる(있다), 起きる(일어나다), 変える(바꾸다), 寝る(자다), 食べる(먹다) -1단활용동사-

1단 활용동사	見(み)る	見(み)ます	変(か)える	変(か)えます
	いる	います	寝(ね)る	寝(ね)ます
	起(お)きる	起(お)きます	食(た)べる	食(た)べます

☞ 来る(오다), する(하다) -변격활용동사-

변격 활용동사	来る	来ます
	する	します

☞ 要る(필요하다), 帰る(돌아가(오)다), 入る(들어가(오)다), 走る(달리다), 知る(알다), 切る(자르다) -5단활용을 하는 예외적인 동사-

☑ 「ます」을 「ました」로 바꾸면 동사의 정중형의 과거형이 된다.

☞ 読みます(읽습니다) → 読みました(읽었습니다)
☞ 見ます (봅니다) → 見ました (봤습니다)
☞ 来ます (옵니다) → 来ました (왔습니다)

☑ 「ながら」는 한국어의 「면서」에 대응하는 표현으로 동작이 공존하는 것을 나타내고자 할 때 사용하며, 동사의 「ます」형에 접속한다.

☞ テレビを見ながら朝御飯を食べます。(TV를 보면서 아침밥을 먹습니다.)

☑ 어떤 내용을 인용하고자 할 때, 「と言う」를 사용할 수 있다. 「と」는 한국어의 「라고」의 의미를 나타내며, 「言う」는 본디 「말하다」라는 의미를 가지지만 「と言う」라는 형태가 되면 「라고 한다」의 뜻이 된다.

☞ 名前は悟と言います。(이름은 사토루라고 합니다.)

☑ 「に」는 한국어 「에」에 대응하는 조사로써 장소, 시각 등과 함께 사용된다.

☞ 木の下に犬がいる。(나무 밑에 개가 있다.)
☞ 4時に(4시에), 6時に(6시에)

☑ 「ある」와 「いる」는 한국어의 「있다」에 대응하는 동사이다. 동작성이 강하고 생명이 있는 사람과 동물의 존재를 나타내고자 할 때는 「いる」를, 생명이 없는 사물이나 동작성이 없는 식물의 존재를 나타낼 때는 「ある」를 사용하면 된다.

☞ 庭に松の木があります。(정원에 소나무가 있습니다.)
☞ 木の下に犬がいます。 (나무 밑에 개가 있습니다.)

연습문제

1 다음 단어를 히라가나는 한자로 한자는 히라가나로 쓰시오.

(1) 新聞 (　　　　　　)　(5) つくる (　　　　　　)

(2) 評判 (　　　　　　)　(6) うた (　　　　　　)

(3) 弟 (　　　　　　)　(7) さんか (　　　　　　)

(4) 家族 (　　　　　　)　(8) おんがく (　　　　　　)

2 다음 보기와 같이 동사의 형태를 바꾸시오.

보기 ある ➡ ありますます
ありますます ➡ ある

(1) 書く ➡ ________

(2) 読みます ➡ ________

(3) 来ます ➡ ________

(4) 待つ ➡ ________

(5) 起きる ➡ ________

(6) 走ります ➡ ________

(7) 帰る ➡ ________

(8) 見る ➡ ________

(9) する ➡ ________

(10) 切ります ➡ ________

3 다음 보기와 같이 문장을 만드시오.

보기 新聞, 每日, 私, 読む
➡ 私は毎日新聞を読みます。

(1) 入(い)れる, 箱(はこ), 本(ほん)

➡ ______________________________

(2) 行(い)く, 毎週(まいしゅう), 姉(あね), カラオケ

➡ ______________________________

(3) ある, 好(す)きだ, 魅力(みりょく), 人(ひと)

➡ ______________________________

(4) ジョギング, 毎日(まいにち), する, 私(わたし)

➡ ______________________________

(5) 兄(あに), 得意(とくい)だ, こと, 書(か)く, 絵(え)

➡ ______________________________

4 주어진 단어를 사용하여 다음 문장을 일본어로 번역하시오.

(1) 친구와 점심을 먹었습니다.(友達, 昼ごはん)

➡ ______________________________

(2) 내일 서울에 갑니다.(明日, ソウル)

➡ ______________________________

(3) 테이블 밑에 고양이가 한 마리 있습니다.(テーブル, 下, 猫, 匹)

➡ ______________________________

(4) 정원에 나무가 두 그루 있습니다.(庭, 木, 本)

➡ ______________________________

(5) 냉장고 안에 달걀이 3개 있습니다.(冷蔵庫, 中, たまご, 個)

➡ ______________________________

단어정리

본문

家族(かぞく) 가족
~人(にん) ~명, ~인(한 명과 두 명을 셀 때는 1人(ひとり), 2人(ふたり)로 읽음)
両親(りょうしん) 부모
弟(おとうと) 남동생
父(ちち) 아버지
母(はは) 어머니
公務員(こうむいん) 공무원
毎朝(まいあさ) 매일 아침
新聞(しんぶん) 신문
読(よ)む 읽다
それから 그런 후에, 그리고
見(み)る 보다
~ながら ~하면서
朝御飯(あさごはん) 아침식사, 아침밥
食(た)べる 먹다
料理(りょうり) 요리
~を ~을(를)
作(つく)る 만들다
こと 일, 것
評判(ひょうばん) 평판
魚介類(ぎょかいるい) 어패류, 해산물
スパゲティ 스파게티
スチュワーデス 스튜어디스
歌(うた)う (노래를)부르다
近所(きんじょ) 근처
カラオケ 가라오케
~に ~에
よく 자주
行(い)く 가다
音楽(おんがく) 음악
ジャンル 장르
バラード 발라드
雰囲気(ふんいき) 분위기
ある 있다(생명이 없고, 동작성이 없는 것의 존재를 나타냄)
名前(なまえ) 이름
~と言(い)う ~라고 하다
走(はし)る 달리다
~時(とき) ~때
アマチュア 아마추어
マラソン 마라톤
参加(さんか) 참가
する 하다
うち 우리, 저희, 우리집
庭(にわ) 정원, 마당, 뜰
松(まつ)の木(き) 소나무
~本(ほん, ぼん, ぽん) ~그루, ~자루(가늘고 긴 것을 셀 때 사용함)
大(おお)きい 크다
~年(ねん) ~년
植(う)える 심다
木(き) 나무
下(した) 밑, 아래
いる 있다(생명이 있고, 동작성이 있는 것의 존재를 나타냄)
犬(いぬ) 개
~と ~와(과)
生(う)む 낳다

확인학습

聞(き)く 듣다, 묻다
見(み)る 보다
掃除(そうじ) 청소
ドア 문
開(あ)く 열리다
花(はな) 꽃
咲(さ)く 피다

降(ふ)る (비나 눈이)내리다, 오다
玄関(げんかん) 현관
スリッパ 슬리퍼
テーブル 테이블
上(うえ) 위
コンビニ 편의점
隣(となり) 옆, 이웃
花屋(はなや) 꽃집
バス停(てい) (バス停留所(ていりゅうじょ)의 약칭 버스정류장
居間(いま) 거실
猫(ねこ) 고양이

연습문제

書(か)く 쓰다
来(く)る 오다
待(ま)つ 기다리다
起(お)きる 일어나다
帰(かえ)る 돌아가다, 돌아오다
切(き)る 자르다, 절단하다, 끄다
毎日(まいにち) 매일
入(い)れる 넣다
箱(はこ) 상자
毎週(まいしゅう) 매주
魅力(みりょく) 매력
ジョギング 조깅
兄(あに) 형, 오빠
絵(え) 그림
昼(ひる)ごはん 점심식사
明日(あした) 내일
~匹(ひき, びき, ぴき) ~마리(작은 동물을 셀 때 사용함)
冷蔵庫(れいぞうこ) 냉장고
たまご 달걀
~個(こ) ~개(물건을 개수를 나타낼 때 사용함)

09

ジョギングはしません。

09

ジョギングはしません。

私は日本語の勉強をするために韓国から来ました。アメリカやオーストラリアには親戚がいるのでよく行きますが、日本ははじめてです。日本語の授業は週に40時間もありますので、遊ぶ時間はあまりありません。しかし健康のために運動はします。走ることが苦手なので、ジョギングはしません。音楽を聞きながら少し速いスピードで歩くのが好きです。運動は週に3回、毎日30分ずつします。運動の後はシャワーを浴びます。それから、日本語学校に行く準備をします。

日本語学校に行かない土曜日と日曜日はアルバイトのために出かけなければなりません。しかし今日は朝から風邪気味で、熱もあります。だからアルバイトを休みました。先週の土曜日もお腹を壊して行きませんでした。早く健康を取り戻したいです。

꼭 외워두세요~ | 즐거운 일본어 나라 이름 익히기

ヨーロッパ　유럽　　アジア　아시아　　アフリカ　아프리카　　オセアニア　오세아니아

ドイツ	독일	ロシア	러시아	マレーシア	말레이시아
イタリア	이탈리아	イスラエル	이스라엘	モンゴル	몽골
フランス	프랑스	イラン	이란	エジプト	이집트
オーストリア	오스트리아	イラク	이라크	カナダ	캐나다
ベルギー	벨기에	インド	인도	アメリカ	미국
オランダ	네덜란드	インドネシア	인도네시아	メキシコ	멕시코
スイス	스위스	ベトナム	베트남	アルゼンチン	아르헨티나
スペイン	스페인	トルコ	터키	オーストラリア	호주
デンマーク	덴마크	タイ	태국	ニュージーランド	뉴질랜드
ギリシャ	그리스	パキスタン	파키스탄	チリ	칠레

확인학습

1 ～は～ません

① アルバイトはしません。
② 旅行はしません。
③ 豚肉は食べません。

2 ～(し)ない

① 学校へ行かない。
② 朝早く起きない。
③ 友達と喧嘩しない。

3 ～は～ませんでした

① アルバイトはしませんでした。
② 旅行はしませんでした。
③ 豚肉は食べませんでした。

4 ～たいです

① 車を買いたいです。
② 日本語を上手に話したいです。
③ 科学者になりたいです。

5 ~(し)なければなりません

① アルバイトをしなければなりません。

② 旅行(りょこう)をしなければなりません。

③ 豚肉(ぶたにく)を食(た)べなければなりません。

본문해설

☑ 동사에 「ます」를 붙인 정중형의 「ます」를 「ません」으로 바꾸면 부정형이 되며, 「ません」에 「でした」를 붙인 「ませんでした」는 과거부정형이 된다.

☞ 遊ぶ時間はあまりありません。(놀 시간은 별로 없습니다.)
☞ 先週の土曜日もお腹を壊して行きませんでした。
(지난주 토요일도 배탈이 나서 가지 않았습니다.)

☑ 동사의 「ます」형은 그 부정형이 「ません」이지만, 동사는 기본형이 문의 술어로써의 기능을 하므로, 기본형이 부정형이나 과거형으로 활용될 수 있다. 기본형의 부정에는 「ない」가 붙게 되는데, 동사의 종류에 따라서 그 접속 방법에 차이가 있다.

☞ 書く (쓰다) → 書かない(쓰지 않다) -5단활용동사-
☞ 起きる(일어나다) → 起きない(일어나지 않다) -1단활용동사-
☞ 食べる(먹다) → 食べない(먹지 않다) -1단활용동사-
☞ 来(く)る (오다) → 来(こ)ない (오지 않다) -변격활용동사-
☞ する (하다) → しない (하지 않다) -변격활용동사-

☑ 「ため(に)」는 한국어 「위해서」「때문에」에 대응하며, 앞의 말을 받아서 원인, 목적의 의미를 나타낸다. 「に」를 생략한 「ため」의 형태로 사용되기도 한다.

☞ 健康のために運動はします。 (건강을 위해서 운동은 합니다.)
☞ 風邪のために行きませんでした。(감기 때문에 가지 않았습니다.)

☑ 「や」는 「と(와(과)」와 마찬가지로 나열의 의미를 나타낸다. 그러나 「と(와(과)」는 나열할 사항을 모두 들어 표현할 경우에, 「や」는 나열할 사항의 일부만을 들어 표현할 경우에 사용된다는 점에서 차이점이 있다. 그렇기 때문에 「や」는 「など(등, 따위)」와 함께 사용되는 것이 일반적이다.

☞ アメリカやオーストラリアには親戚がいる。
(미국이랑 오스트레일리아에는 친척이 있다.)

■ 「たい」는 동사의 「ます」형에 접속하여 동작하는 사람의 희망과 욕구를 표현할 때 사용한다.

☞ 早く健康を取り戻したいです。(빨리 건강을 되찾고 싶습니다.)

연습문제

1　다음 단어를 히라가나는 한자로 한자는 히라가나로 쓰시오.

(1) 毎日	(　　　　　　　)	(5) あそぶ	(　　　　　　　)
(2) 健康	(　　　　　　　)	(6) はしる	(　　　　　　　)
(3) 風邪気味	(　　　　　　　)	(7) しんせき	(　　　　　　　)
(4) 授業	(　　　　　　　)	(8) べんきょう	(　　　　　　　)

2　다음 보기와 같이 문장을 완성하시오.

> **보기** 友達に会う, 日本へ行く
> ➡ 友達に会うために、日本へ行かなければなりません。

(1) いい成績(せいせき)をとる, 徹夜(てつや)する

➡ ______________________________

(2) 朝早(あさはや)く起(お)きる, 早(はや)く寝(ね)る

➡ ______________________________

(3) 体重(たいじゅう)を減(へ)らす, 運動(うんどう)をする

➡ ______________________________

(4) 風邪(かぜ)を予防(よぼう)する, うがいをする

➡ ______________________________

(5) 大学(だいがく)へ進学(しんがく)する, 入学金(にゅうがくきん)を用意(ようい)する

➡ ______________________________

3 다음 보기와 같이 문장을 바꾸시오.

> **보기** 彼女に会います。(희망) ➡ <u>彼女に会いたいです</u>。
> 彼女に会います。(부정) ➡ <u>彼女には会いません</u>。

(1) ノートパソコンを買(か)います。(희망)

➡ ______________________________

(2) 英語(えいご)で話(はな)します。(희망)

➡ ______________________________

(3) 電車(でんしゃ)に乗(の)ります。(부정)

➡ ______________________________

(4) 学校(がっこう)へ行(い)きます。(부정)

➡ ______________________________

(5) 牛丼(ぎゅうどん)を食(た)べます。(희망)

➡ ______________________________

4 주어진 단어를 사용하여 다음 문장을 일본어로 번역하시오.

(1) 매운 음식은 별로 먹지 않습니다.(辛い, 食べ物)

➡ ______________________________

(2) 어제는 귀국할 준비를 했습니다.(昨日, 帰国, 準備)

➡ ______________________________

(3) 아르바이트를 하기 위해서 나가야만 합니다.(アルバイト, 出かける)

➡ ______________________________

(4) 무라타 씨는 리포트를 제출하지 않았습니다.(村田, レポート, 出す)

➡ ______________________________

(5) 영어를 능숙하게 말하고 싶습니다.(英語, 上手だ, 話す)

➡ ______________________________

단어정리

본문

勉強(べんきょう) 공부
~ため(に) ~을 위해, ~때문에
アメリカ 미국
オーストラリア 오스트레일리아(호주)
親戚(しんせき) 친척
はじめて 처음으로
授業(じゅぎょう) 수업
週(しゅう) 주
遊(あそ)ぶ 놀다
健康(けんこう) 건강
少(すこ)し 조금
速(はや)い 빠르다
スピード 스피드
~で ~(으)로
回(かい) 번, 회
~ずつ ~씩
後(あと) 후, 뒤, 나중
シャワー 샤워
浴(あ)びる 뒤집어쓰다(「シャワーを浴(あ)びる」로 '샤워하다'의 의미를 가짐)
それから 그런 후에
学校(がっこう) 학교
準備(じゅんび) 준비
土曜日(どようび) 토요일
アルバイト 아르바이트
出(で)かける 나가다, 외출하다
~なければなりません ~하지 않으면 안 된다.
風邪気味(かぜぎみ) 감기기운
熱(ねつ) 열
休(やす)む 쉬다
先週(せんしゅう) 지난 주
お腹(なか) 배
壊(こわ)す 탈을 내다(「お腹を壊(こわ)す」로 배탈이 나다'의 의미를 가짐)
取(と)り戻(もど)す 회복하다
~たい ~하고 싶다

확인학습

豚肉(ぶたにく) 돼지고기
早(はや)く 일찍
喧嘩(けんか) 다툼, 싸움
車(くるま) 자동차
買(か)う 사다
科学者(かがくしゃ) 과학자
なる 되다

연습문제

会(あ)う 만나다
~へ ~(으)로, ~에
成績(せいせき) 성적
とる 얻다, 받다
徹夜(てつや) 철야
寝(ね)る 자다, 눕다
体重(たいじゅう) 체중
減(へ)らす 줄이다
予防(よぼう) 예방
うがい 양치
進学(しんがく) 진학
入学金(にゅうがくきん) 입학금
用意(ようい) 준비
彼女(かのじょ) 그녀(3인칭 여자를 가리킴)
ノートパソコン 노트북컴퓨터
電車(でんしゃ) 전철
乗(の)る 타다
牛丼(ぎゅうどん) 소고기덮밥
辛(から)い 맵다
帰国(きこく) 귀국
出(だ)す 내다, 제출하다, 보내다
レポート 리포트

10

しばふにはいらないでください。

10

しばふにはいらないでください。

昨日、友達の佐藤さんと上野公園へ行きました。公園には広場がありました。広場の前には「芝生に入らないでください」という標識がありました。

ゴミの出し方は次のとおりです。

水曜日と土曜日は燃えるゴミを出します。ですから、ビンや缶やプラスチック類などは出さないでください。

プラスチック類は月曜日に、資源ゴミは木曜日に出します。

新聞と雑誌を出す際には袋に入れないでください。

韓国人の中にもキムチを食べないで、ピザやマヨネーズ等の食品を毎日のように食べる人が増えました。このような食生活を続けると韓国人の平均体格も欧米人のようにますます大きくなるでしょう。

꼭 외워두세요~! 즐거운 일본어 분리수거 쓰레기 이름 익히기

燃えるゴミ	타는 쓰레기	燃えないゴミ	타지 않는 쓰레기	粗大ゴミ	내구소비재 폐품
生ごみ	음식물찌꺼기	空ビン	빈 병	毛布	모포
ダンボール	종이 상자	空缶	빈 캔	タンス	옷장
紙くず	휴지	スプレー缶	스프레이 캔	下駄箱	신발장
ハンドバック	핸드백	タマゴパック	계란 팩	座布団	방석
貝がら	조개껍질	ビニール袋	비닐봉지	ベッド	침대
紙おむつ	종이 기저귀	ラップ	랩	ハンガー	옷걸이(행어)
靴	신발	ペットボトル	페트병	ヤカン	주전자
アルミ	알루미늄	発泡スチロール	발포 스티렌 수지	歯ブラシ	칫솔

확인학습

1 ~(し)ないでください

① 図書館の中では大きな声を出さないでください。
② 建物の中ではタバコを吸わないでください。
③ 講義室の中に食べ物を持ち込まないでください。

2 ~(し)ないで、~ようにします

① 油で揚げないで、生で食べるようにします。
② 捨てないで、大事に保管するようにします。
③ 悪口を言わないで、誉めるようにします。

3 ~という~

①「タバコを吸わないでください」という標識
②「12時までに戻らなければならない」という条件
③「15日にソウルへ帰る」という知らせ

4 ~や~など~

① 机の上には本やノートなどがあります。
② 大学の近くには銀行や本屋などがあります。
③ 動物好きの田中さんの家には犬や猫などのペットがいます。

5 ～でしょう

① 明日(あした)は雨(あめ)でしょう。

② 来週(らいしゅう)の会議(かいぎ)にはたぶん彼(かれ)も来(く)るでしょう。

③ 今晩(こんばん)東京(とうきょう)に着(つ)くでしょう。

본문해설

☑「の」의 주된 기능은 「英語の本(영어 책)」과 같이 명사와 명사를 단순히 연결하는 것이다. 그러나 「の」의 앞과 뒤에 오는 명사가 같은 동일한 속성을 가지고 있음을 나타내는 경우가 있는데 그것이 바로 동격(同格)의 의미를 나타내는 「の」이다. 이 경우, 한국어 「인」에 대응하게 되며, 「の」의 뒤에 오는 명사는 사람 또는 사물의 이름과 같은 고유명사나, 사람을 지칭하는 말이 오는 것이 일반적이다.

☞ 友達の佐藤さん (친구인 사토 씨) 友達 ＝ 佐藤さん
医者の弟 (의사인 남동생) 医者 ＝ 弟

☑「ないでください」는 상대방에게 동사의 기본형의 부정형에 붙어서 어떤 동작을 하지 않도록 의뢰할 경우에 사용한다.

☞ 芝生に入らないでください。 (잔디밭에 들어가지 마세요.)
☞ プラスチック類は出さないでください。(플라스틱류는 내놓지 마세요.)

☑ 동사의 「ます」형에 「方(かた)」를 붙이면 「방법, 방식」의 뜻을 나타내게 된다.

☞ ゴミの出し方 (쓰레기 배출하는 법)
☞ パンの作り方 (빵 만드는 법)

☑「ないで」는 「ないでください」에서 「ください」를 생략한 형태이다. 「ないで」 앞에 오는 동사의 행위를 하지 않고, 뒤에 오는 동사의 행위를 한다는 의미를 타나내며 한국어의 「(하)지 않고」에 대응한다.

☞ キムチを食べないで、ピザやマヨネーズなどの食品を毎日のように食べる。
(김치를 먹지 않고 피자나 마요네즈 등의 식품을 매일같이 먹는다.)

☑ 「ようだ」는 비유 또는 예시의 의미를 나타내는 조동사로, 한국어의 「처럼, 같이」「도록」에 대응한다. 뒤에 동사가 오면 「ように」로, 명사가 오면 「ような」로 활용된다.

☞ キムチを食べないで、ピザやマヨネーズなどの食品を毎日のように食べる。
(김치를 먹지 않고 피자나 마요네즈 등의 식품을 매일같이 먹는다.)

☑ 일본어에서는 조건 또는 가정을 나타낼 때, 「と, ば, たら, なら」를 사용하게 되는데, 「と」는 동사의 기본형에 붙어서 「春になると花が咲く。(봄이 되면 꽃이 핀다.)」와 같이 당연한 결과가 예상되는 가정을 나타내는 경우에 사용한다.

☞ このような食生活を続けると、韓国人の平均体格も大きくなるでしょう。
(이런 식생활을 계속하면 한국인의 평균체격도 커지겠지요.)

☑ 「でしょう」는 한국어의 「것입니다」, 「겠지요?, 지요?」와 같이 추측의 의미를 나타내거나 상대방에게 동의를 구하거나 다짐하는 경우에 사용한다.

☞ ますます大きくなるでょう。-추측이므로 끝 부분을 내려서 발음함-
(더욱더 커질 겁니다.)
☞ おいしいでしょう。-동의를 구하는 경우이므로 끝 부분을 올려서 발음함-
(맛있죠?)

연습문제

1 다음 단어를 히라가나는 한자로 한자는 히라가나로 쓰시오.

(1) 食品	(　　　　)	(5) だす	(　　　　)
(2) 友達	(　　　　)	(6) つぎ	(　　　　)
(3) 生活	(　　　　)	(7) ひろば	(　　　　)
(4) 平均	(　　　　)	(8) こうえん	(　　　　)

2 밑 줄 부분에 들어갈 가장 알맞은 단어를 보기에서 고르시오.

보기 など, や, から, 際, も, ますます, と, という, とおり, に, まで, を, が

(1) 新聞(しんぶん)と雑誌(ざっし)をだす_______には袋(ふくろ)に入(い)れないでください。

(2) ビン_______プラスチック類(るい)_______はださないでください。

(3) ゴミのだし方(かた)はつぎの_______です。

(4) 「芝生(しばふ)に入(はい)らないでください」_______標識(ひょうしき)がありました。

(5) 私(わたし)_______あなたのように丈夫(じょうぶ)になりたいです。

(6) 韓国人(かんこくじん)の体格(たいかく)も欧米人(おうべいじん)のように_______大(おお)きくなるでしょう。

(7) 土曜日(どようび)は資源(しげん)ゴミをださないで燃(も)えるゴミ_______だします。

3 다음 보기와 같이 동사의 형태를 바꾸시오.

보기 書く ➜ かかない

(1) 入(はい)る ➜ ________________

(2) 食(た)べる ➡ ________________

(3) する ➡ ________________

(4) 待(ま)つ ➡ ________________

(5) 起(お)きる ➡ ________________

(6) 走(はし)る ➡ ________________

(7) 帰(かえ)る ➡ ________________

(8) 見(み)る ➡ ________________

(9) 来(く)る ➡ ________________

(10) 切(き)る ➡ ________________

4 주어진 단어를 사용하여 다음 문장을 일본어로 번역하시오.

(1) 큰 소리로 이야기하지 말아 주십시오.(大きな, 声, 話す)

➡ ________________________________

(2) 사진을 찍지 말아 주십시오.(写真, 撮る)

➡ ________________________________

(3) 에스컬레이터에서는 뛰지 말아 주십시오.(エスカレーター, 走る)

➡ ________________________________

(4) 영어 이외에는 사용하지 말아주십시오.(英語, 以外, 使う)

➡ ________________________________

(5) 내일은 비가 올 겁니다.(明日, 雨, 降る)

➡ ________________________________

단어정리

본문

上野公園(うえのこうえん) 우에노 공원(일본 도쿄에 위치한 공원)
広場(ひろば) 광장
芝生(しばふ) 잔디
入(はい)る 들어가다, 들어오다
標識(ひょうしき) 표지
ゴミ 쓰레기
～方(かた) ～하는 법(방법)
～とおり ～대로
燃(も)える 타다
ですから 그러니까
ビン 병
缶(かん) 캔
～や～など ～랑 ～등
プラスチック 플라스틱
～類(るい) ～류
資源(しげん) 자원(재활용)
～際(さい) ～시, ～때
袋(ふくろ) 봉지
キムチ 김치
ピザ 피자
マヨネーズ 마요네즈
食品(しょくひん) 식품
～ように ～같이, ～처럼, ～도록
増(ふ)える 늘다
食生活(しょくせいかつ) 식생활
続(つづ)ける 계속하다
～と ～하면
平均体格(へいきんたいかく) 평균체격
欧米人(おうべいじん) 서양인(사람)
ますます 더욱더, 점점
～でしょう ～일겁니다, ～겠지요

확인학습

声(こえ) 목소리
タバコ 담배
吸(す)う 피우다, 흡입하다
講義室(こうぎしつ) 강의실
持(も)ち込(こ)む 반입하다, 가지고 들어오다
油(あぶら) 기름
揚(あ)げる 튀기다
生(なま) 생, 날
捨(す)てる 버리다
大事(だいじ)だ 소중하다, 중요하다
保管(ほかん) 보관
悪口(わるぐち) 욕, 험담
誉(ほ)める 칭찬하다
～までに ～까지(한정된 기일 이내라면 언제라도 상관없는 경우에 사용함)
戻(もど)る 되돌아오다, 되돌아가다
条件(じょうけん) 조건
～という ～라는
知(し)らせ 소식
ノート 노트
近(ちか)く 근처
本屋(ほんや) 책방
動物好(どうぶつず)き 동물을 좋아하는 사람
家(いえ) 집
ペット 애완동물
来週(らいしゅう) 다음 주
たぶん 아마도
今晩(こんばん) 오늘 밤
東京(とうきょう) 도쿄(일본의 수도)
着(つ)く 도착하다

연습문제

あなた 당신
写真(しゃしん) 사진
撮(と)る 찍다
以外(いがい) 이외
使(つか)う 사용하다

11

テレビをみています。

11

テレビをみています。

私は東京で一人暮らしをしています。月曜日から金曜日までは大学の授業で忙しいですが、土曜と日曜は暇です。そこで週末には家でよくテレビを見ています。好きな番組は歌番組です。

今日はクラスメートの花子さんの誕生日です。朝早く起きて誕生日のプレゼントを買いにデパートへ行きました。土曜日なのでデパートは大変込んでいました。エスカレーターに乗って2階の化粧品売り場へ行きました。花子さんが欲しがっていた香水を一個買って、帰りに6階にある本屋に寄って1時間ぐらい立ち読みをしてから家へ帰りました。

日本では家の中には土足では入りません。靴を脱いで家に上がってください。畳部屋では室内用のスリッパを脱いでください。またトイレに入る時はトイレスリッパに履き替えてください。

この相談室は誰でも利用することができます。ただし利用の前に直接相談室まで来て申し込んでください。「相談中です」となっている時はノックをしてから入ってください。

꼭 외워두세요~ | 즐거운 일본어 인사말(외출, 귀가) 익히기

行ってきます。	다녀오겠습니다.	行っていらっしゃい。	다녀오세요.
ただいま。	다녀왔습니다.	お帰りなさい。	다녀오셨어요.

확인학습

1 今、～ています

① 今、テレビを見ています。

② 今、ゲームをしています。

③ 今、 勉強をしています。

2 ～て～ます

① 朝早く起きて運動をします。

② 食事をして遊びます。

③ 洗濯をして掃除をします。

3 ～を～てください

① 本を読んでください。

② 携帯の電源を切ってください。

③ 遅れないように早く行ってください。

4 ～ほしがっている～ / ～ほしがっていた～

① 妹が前からほしがっていたノートパソコンです。

② あそこに父がほしがっている車があります。

③ あれが母がほしがっているキムチ冷蔵庫です。

5 ～を～ことができます

① 納豆を食べることができます。

② 日本語を話すことができます。

③ 車を運転することができます。

본문해설

☑ 「に」는 존재 또는 위치하는 장소를 나타내지만, 「で」는 동작이 이루어지는 장소를 나타낸다.

☞ 運動場(うんどうじょう)でサッカーをします。(운동장에서 축구를 합니다.)

☑ 「먹다」를 「먹고」, 「먹어」와 같이 활용시킬 때, 한국어에서는 「고」, 「어(아)서」를 동사의 어간에 붙이게 되는데, 일본어에서는 「て(で)」를 붙이면 된다. 1단활용동사와 변격활용동사는 「ます」형과 「て(で)」형이 같지만, 5단활용동사는 어미의 특징에 따라서 「て(で)」형의 접속 방법이 세 종류로 나누어지며, 이를 음편형이라고 한다. 5단활용동사라도 「す」로 끝나는 동사는 음편형이 없다.

☞ いる(있다) → います (있습니다) → いて (있고, 있어(서)) -1단활용동사-
☞ する(하다) → します (합니다) → して (하고, 해(서)) -변격활용동사-
☞ 行く(가다) → 行きます(갑니다) → 行って(가고, 가(서)) -예외적인 음편형-

書く→書いて	く, ぐ→い	い음편
泳ぐ→泳いで		
言う→言って	う, つ, る→っ	촉음편
立つ→立って		
乗る→乗って		
死ぬ→死んで	ぬ, ぶ, む→ん	발음편
呼ぶ→呼んで		
読む→読んで		

☑ 「ている」는 동사에 「て(で)」를 접속시키는 형태에 존재를 나타내는 동사 「いる」가 접속된 것으로, 이 경우 「いる」는 존재의 의미를 갖지 않고 「て(で)」에 붙는 동사에 진행이나 상태의 의미를 부여하는 보조적인 기능을 하게 된다.

☞ 今、本を読んでいます。(지금 책을 읽고 있습니다.) -진행-
☞ 財布が落ちています。 (지갑이 떨어져 있습니다.) -상태-
☞ 週末には家でよくテレビを見ています。 -습관-
(주말에는 집에서 자주 텔레비전을 보고 있습니다.)

☑ 「で」는 명사나 형용사에 붙어서 한국어로 「이(하)고, 이(하)며」의 의미를 나타낸다. 또한, 도구나 재료, 원인의 의미를 나타내기도 하는데, 이 경우에는 한국어 「(으)로」에 대응하게 된다.

☞ 大学の授業で忙しいです。(대학 수업으로 바쁩니다.)

☑ 「に」는 존재나 위치, 시각에 붙어 한국어 「에」의 의미를 나타내는 조사이다. 그러나 「行く」, 「来る」 등과 같이 이동을 나타내는 동사가 그 위에 올 경우에는 목적의 의미를 갖게 되어 「(하)러」의 의미를 나타내게 된다. 또한 「映画(영화)」 「スキー(스키)」 「買い物(쇼핑)」 「散歩(산책)」 등과 같은 동작성 명사에도 접속된다.

☞ プレゼントを買いにデパートへ行きました。(선물을 사러 백화점에 갔습니다.)
☞ 散歩に来ました。(산책하러 왔습니다.)

☑ 조사로 사용되는 「へ」는 동작이나 작용이 향하는 목적지나 방향을 나타내며, [he]가 아닌 [e]로 발음하게 된다, 한국어의 「에, (으)로」에 대응한다.

☞ 化粧品売り場へ行きました。(화장품 매장에 갔습니다.)

☑ 말하는 사람의 희망이나 욕구를 나타내고자 할 때는 「たい」나 「ほしい」를 사용해서 표현하게 되지만, 제3자의 희망이나 욕구를 표현하기 위해서는 「たい」와 「ほしい」의 어간에 「がる」를 붙인 「たがる」, 「ほしがる」를 사용해야만 한다.

☞ 花子さんは香水をほしがっています。(하나코 씨는 향수를 갖고 싶어 합니다.)

☑ 「てから」는 동사의 「て」형에 「から」를 붙인 것으로, 한국어의 「(한) 후에」에 대응하게 된다.

☞ ノックをしてから入ってください。(노크를 한 후에 들어오세요.)

☑ 「ないでください」가 「하지 말 것」을 의뢰하는 표현이라면 「て(で)ください」는 「할 것」을 의뢰하는 표현이라고 말할 수 있다. 동사의 「て(で)」형에 「ください」를 붙여 사용하면 된다.

☞ スリッパを脱いでください。(슬리퍼를 벗어 주세요.)

☑ 「ことができる」는 동사의 기본형 뒤에 붙어서 「할 수 있다」는 가능의 의미를 나타내게 된다.

☞ 誰でも利用することができます。(누구라도 이용할 수 있습니다.)

☑ 「~となっている」는 인용의 의미를 갖는 「と」에 동사 「なる(되다)」의 상태형 「なっている」가 연결된 것으로 「라고 되어 있다」라는 의미를 나타낸다.

☞ 「相談中です」となっている。(「상담중입니다」라고 되어 있다.)

연습문제

1 다음 단어를 히라가나는 한자로 한자는 히라가나로 쓰시오.

(1) 本屋 (　　　　)	(5) とうきょう (　　　　)
(2) 暇 (　　　　)	(6) りよう (　　　　)
(3) 番組 (　　　　)	(7) どそく (　　　　)
(4) 相談 (　　　　)	(8) たたみ (　　　　)

2 다음 보기와 같이 동사의 형태를 바꾸시오.

보기 待つ → 待って

(1) 読(よ)む → ________　________

(2) 置(お)く → ________

(3) 切(き)る → ________

(4) 持(も)つ → ________

(5) 死(し)ぬ → ________

(6) 泳(およ)ぐ → ________

(7) 来(く)る → ________

(8) 見(み)る → ________

(9) 帰(かえ)る → ________

(10) する → ________

3 다음 보기와 같이 문장을 바꾸시오.

보기 速く歩く → 速く歩いてください。

(1) 鉛筆で書く

➡ ____________________

(2) 電子レンジで温める

➡ ____________________

(3) 座らないで立つ

➡ ____________________

(4) 押さないで引く

➡ ____________________

(5) 泣かないで笑う

➡ ____________________

4 주어진 단어를 사용하여 다음 문장을 일본어로 번역하시오.

(1) 지금 책을 읽고 있습니다.(読む)

➡ ____________________

(2) 밥을 먹은 후에 이를 닦습니다.(ご飯, 歯, 磨く)

➡ ____________________

(3) 들어오기 전에 노크해주세요.(入る, 前, ノック)

➡ ____________________

(4) 답을 알고 있는 분은 손을 들어주세요.(答え, 知る, 方, 手, あげる)

➡ ____________________

(5) 아침에 일어나서 제일 먼저 물을 마십니다.(朝, 一番, 最初, 水, 飲む)

➡ ____________________

단어정리

본문

~で ~에서
一人暮(ひとりぐ)らし 혼자 삶, 독신생활
忙(いそが)しい 바쁘다
週末(しゅうまつ) 주말
番組(ばんぐみ) 방송프로그램
クラスメート 동급생, 급우, 같은 반 친구
プレゼント 선물
買(か)う 사다
~に行(い)く ~하러 가다
大変(たいへん) 매우, 상당히
込(こ)む 붐비다
~階(かい, がい) ~층
化粧品(けしょうひん) 화장품
売(う)り場(ば) 매장
ほしがる 갖고 싶어 하다
香水(こうすい) 향수
帰(かえ)り 귀가, 돌아오는 길
寄(よ)る 들르다
立(た)ち読(よ)み 서서 책을 읽음(책을 구입하지 않고 읽기만 하는 경우에 사용함)
~てから ~한 후에
土足(どそく) 신발을 신은 채로의 발
脱(ぬ)ぐ 벗다
上(あ)がる 올라가다, 들어가다
~てください ~해 주세요
畳部屋(たたみべや) 다타미방(짚으로 만든 일본전통의 바닥재료)
室内用(しつないよう) 실내용
スリッパ 슬리퍼
トイレ 화장실
履(は)き替(か)える 갈아신다
相談室(そうだんしつ) 상담실
誰(だれ) 누구
~でも ~라도
利用(りよう) 이용
~ことができる ~할 수 있다
ただし 단, 단지
直接(ちょくせつ) 직접
申(もう)し込(こ)む 신청하다
~中(ちゅう) ~중
ノック 노크

확인학습

ゲーム 게임
洗濯(せんたく) 세탁, 빨래
掃除(そうじ) 청소
携帯(けいたい) 携帯電話(けいたいでんわ)의 약칭. 휴대전화
電源(でんげん) 전원
遅(おく)れる 늦다
納豆(なっとう) 낫토(콩을 발효시켜 만든 음식)
運転(うんてん) 운전

연습문제

置(お)く 놓다
持(も)つ 가지다, 들다
死(し)ぬ 죽다
泳(およ)ぐ 헤엄치다
鉛筆(えんぴつ) 연필
電子(でんし)レンジ 전자렌지
温(あたた)める 데우다
座(すわ)る 앉다
立(た)つ 서다
押(お)す 밀다, 누르다
引(ひ)く 당기다, 빼다
泣(な)く 울다
笑(わら)う 웃다
磨(みが)く 닦다
答(こた)え 정답
知(し)る 알다
~方(かた) ~분
手(て) 손
あげる 들다
最初(さいしょ) 처음
水(みず) 물
飲(の)む 마시다

* *
MEMO
NOTE

12

なっとうをたべたことがあります。

12

なっとうをたべたことがあります。

おととい、近所にスーパーがオープンしました。午前10時からスーパーの営業が始まるというのに午前8時から行列ができました。オープン記念に10の割引キャンペーンが行なわれるため、早朝から行列ができたのです。私も友達の鈴木さんと一緒にスーパーへ行ってみました。スーパーは人で一杯でした。鈴木さんと私は豆腐売り場の隣にある納豆売り場へ行きました。納豆は発酵食品で健康にいいと鈴木さんが言ったので10個も買いました。日本に来る前に韓国にある和食専門店で納豆を食べたことがあります。韓国の伝統的な食べ物である「チョングチャン」と味が似ていておいしかったです。しかし「チョングチャン」とは違って、日本の納豆は煮たりする必要もなく、たれとからしを入れて、混ぜ合わせるだけで簡単に食べることができます。しかも値段も安くて、健康にもいいですから、留学生の私にとっては一石二鳥の食べ物だと思います。

私は京都には行ったことがありますが、広島には行ったことがありません。沖縄にも行ったことはありませんが、テレビで沖縄のきれいな景色を見たことはあります。機会があったら、広島と沖縄へぜひ一度行ってみたいです。

꼭 외워두세요~ | 즐거운 일본어 속담/관용구 익히기

知らぬが仏	모르는 것이 약이다	相づちを打つ	맞장구를 치다
塵も積もれば山となる	티끌모아 태산	血も涙もない	피도 눈물도 없다
時は金なり	시간은 금이다	顔が広い	발이 넓다
火のない所に煙は立たぬ	아니 땐 굴뚝에 연기 나랴	朝飯前	누워서 떡 먹기
鬼に鉄棒	범에 날개	袋のねずみ	독 안에 든 쥐

확인학습

1 ~たことがあります

① 東京ディズニーランドへ行ったことがあります。

② 財布を落としたことがあります。

③ 首相に会ったことがあります。

2 ~たり~たりします

① 行ったり来たりします。

② 食べたり飲んだりします。

③ 泣いたり笑ったりします。

3 ~から~

① 安いから買います。

② おいしいから食べます。

③ 今日は忙しいから明日行きます。

4 ~ので~

① 今朝、交通事故があったので、遅刻しました。

② 風邪を引いたので、学校を休みました。

③ 賞味期限が切れたので捨てました。

5 ～と思います

① 彼(かれ)は来(こ)ないと思(おも)います。

② 彼女(かのじょ)が勝(か)つと思(おも)います。

③ あの2人(ふたり)は藤本(ふじもと)さんの妹(いもうと)さんだと思(おも)います。

본문해설

☑ 「のに」는 명사, イ형용사, ナ형용사, 동사의 명사에 연결되는 형태에 붙어서, 예상되는 어떤 사항과 반대되는 일이 일어날 경우에 사용하는 표현이다.

☞ 午前10時からスーパーの営業が始まるというのに午前8時から行列ができました。
(오전 10시부터 슈퍼마켓의 영업이 시작된다고 하는데, 오전 8시부터 행렬이 생겼습니다.)

☑ 「のです」는 앞의 상황의 이유나 근거를 설명하거나, 추론할 때 사용하는 표현이다. 따라서 추론할 수 있는 근거가 없는 경우에는 사용할 수 없으며, 강조의 효과도 있으므로 지나치게 사용하게 되면 강요한다는 느낌을 주게 되므로 각별히 유의할 필요가 있다.

☞ オープン記念に10%の割引キャンペーンが行なわれるため、早朝から行列ができたのです。
(오픈 기념으로 10% 할인 캠페인이 실시되기 때문에, 이른 아침부터 행렬이 생긴 겁니다.)

☑ 「てみる」는 동사의 「て」형에 동사 「見る(보다)」가 결합한 것이다. 「見る」는 11과에서 공부한 「いる」와 마찬가지로 동사를 보조하는 기능을 한다. 동사 본래의 의미는 「(눈으로) 보다」이지만, 동사의 「て」형에 붙게 되면 「(시험 삼아) 해보다」의 의미를 갖게 된다. 다른 동사를 보조할 경우, 한자로 표기 하지 않고 히라가나로 표기한다는 점에도 유의하자.

☞ 私も友達の鈴木さんと一緒にスーパーへ行ってみました。
(저도 친구인 스즈키 씨와 함께 슈퍼마켓에 가 보았습니다.)

☑ 「来る前」에서 「来る」는 뒤에 오는 명사 「前」를 수식하고 있다. 이러한 쓰임을 연체형이라고 한다. 동사의 경우, 기본형과 연체형이 같으며, イ형용사도 기본형과 연체형이 동일하다. 그러나 ナ형용사는 연체형과 기본형이 다르므로 7장에서 배운 ナ형용사의 활용에 각별히 유의할 필요가 있다.

☞ 来る前 (오기 전), 行く前 (가기 전)

☑ 「たことがあります」는 한국어의 「한 적이 있습니다」에 대응하는 표현으로, 과거의 경험을 말할 때 사용한다. 동사를 「て」에 접속시키기 위한 형태로 바꾼 후에, 「て」 대신 「た」를 접속시키게 되면 과거 또는 완료의 의미를 갖게 되는데, 이 형태에 「ことがある」를 붙이면 된다. 「たことがあります」의 부정형은 「たことがありません」이 된다.

☞ 韓国にある和食専門店で納豆を食べたことがあります。
(한국에 있는 일식 전문점에서 낫토를 먹은 적이 있습니다.)
☞ 広島には行ったことがありません。(히로시마에는 간 적이 없습니다.)

☑ 「である」는 문장체에서 주로 사용하는 표현이다. 한국어의 「(이)다」에 대응하며, 「である」 뒤에 명사가 올 경우 연체형의 기능을 하게 된다.

☞ 韓国の伝統的な食べ物である「チョングチャン」
(한국의 전통적인 음식인 「청국장」)

☑ 「似る(닮다)」는 상태성을 나타내는 동사이다. 따라서 한국어의 「닮았다」에 대응시키기 위해서는 「いる」를 접속시킨 「似ている」의 형태로 사용해야 하며, 동사의 어간에 「た」를 접속시킨 「似た味(비슷한 맛)」의 형태로 명사를 수식하기도 한다. 이와 유사한 상태성을 나타내는 동사로 「そびえる(우뚝 솟다)」가 있다.

☞ 韓国の伝統的な食べ物である「チョングチャン」と味が似ていておいしかったです。
(한국의 전통음식인 「청국장」과 맛이 비슷해서 맛있었습니다.)

☑ 「だけ」는 한국어의 「뿐」, 「만」, 「만큼」에 대응하는 조사로, 정도나 범위의 한계를 나타내고자 할 때 사용한다.

☞ たれとからしを入れて、混ぜ合わせるだけで簡単に食べることができます。
(양념장과 겨자를 넣고, 비비는 것만으로 간단히 먹을 수 있습니다.)

☑ 일본어에서는 조건 또는 가정을 나타낼 때, 「と, ば, たら, なら」를 사용하게 되는데, 「たら」는 불확실한 미래를 가정하거나, 거의 확실한 미래에 대해서 조건형식으로 말할 때 사용한다. 형용사나 동사를 「た」에 접속하는 형태로 바꾼 후, 「たら」를 붙여 사용하면 된다. 불확실한 미래를 가정하는 경우에는 「たら」 대신에 「ば」를 사용해도 된다.

☞ 機会があったら, 広島と沖縄にぜひ一度行ってみたいです。-불확실한 미래 가정조건-
(기회가 있으면, 히로시마와 오키나와에 꼭 한 번 가보고 싶습니다.)
☞ ソウルに着いたら、電話してください。-확실한 미래 조건-
(서울에 도착하면, 전화하세요.)

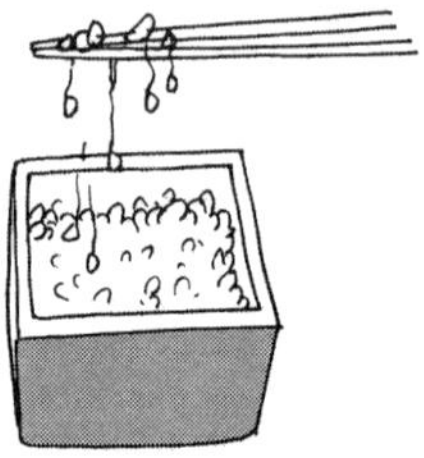

연습문제

1 다음 단어를 히라가나는 한자로 한자는 히라가나로 쓰시오.

(1) 健康 (　　　　　　)　(5) きんじょ (　　　　　　)

(2) 値段 (　　　　　　)　(6) かんたん (　　　　　　)

(3) 伝統的 (　　　　　　)　(7) きねん (　　　　　　)

(4) 行列 (　　　　　　)　(8) きかい (　　　　　　)

2 다음 보기와 같이 동사의 형태를 바꾸시오.

보기 食べる ➡ 食べた

(1) 遊(あそ)ぶ ➡ ____________

(2) する ➡ ____________

(3) 切(き)る ➡ ____________

(4) 立(た)つ ➡ ____________

(5) 帰(かえ)る ➡ ____________

(6) 走(はし)る ➡ ____________

(7) くる ➡ ____________

(8) 起(お)きる ➡ ____________

(9) 泳(およ)ぐ ➡ ____________

(10) 行(い)く ➡ ____________

3 다음 보기와 같이 문장을 바꾸시오.

> **보기** 沖縄へ行きました → <u>沖縄へ行ったことがあります</u>。

(1) 馬肉(ばにく)を食(た)べました

➡ ______________________________

(2) 大阪(おおさか)へ行(い)きました

➡ ______________________________

(3) 有名(ゆうめい)な歌手(かしゅ)に会(あ)いました

➡ ______________________________

(4) 大(おお)きな怪我(けが)をしました

➡ ______________________________

(5) 本場(ほんば)のインドカレーを食(た)べました

➡ ______________________________

4 주어진 단어를 사용하여 다음 문장을 일본어로 번역하시오.

(1) 터키에 간 적이 있습니다.(トルコ)

➡ ______________________________

(2) 복권에 당첨된 적이 있습니다.(宝くじ, 当たる)

➡ ______________________________

(3) 높은 산에 오른 적이 있습니다.(高い, 山, 登る)

➡ ______________________________

(4) 꼭 한 번 가보고 싶습니다.(ぜひ, 一度)

➡ ______________________________

(5) 헤엄쳐서 한강을 건넌 적이 있습니다.(泳ぐ, 漢江, 渡る)

➡ ______________________________

단어정리

본문

おととい 그저께
スーパー 슈퍼마켓
始(はじ)まる 시작되다
~のに ~한데, ~는데도
行列(ぎょうれつ) 행렬
できる 생기다, 할 수 있다
%(パーセント) 퍼센트
割引(わりびき) 할인
キャンペーン 캠페인
行なわれる 실시되다
~のです ~것입니다
一緒(いっしょ)に 함께, 같이
~てみる ~해보다
記念(きねん) 기념
早朝(そうちょう) 이른 아침, 아침 일찍
一杯(いっぱい) 가득
豆腐(とうふ) 두부
発酵食品(はっこうしょくひん) 발효식품
~も ~이나 (대략의 정도를 나타냄)
~前(まえ) ~전
和食(わしょく) 일식
専門店(せんもんてん) 전문점
~たことがある ~한 적이 있다
~である ~(이)다 (주로 문장체에서 쓰임)
チョングチャン 청국장
味(あじ) 맛
似(に)る 닮다(주로「似(に)ている(닮았다)」의 형태로 사용됨)
違(ちが)う 다르다
~たり ~하거나
必要(ひつよう) 필요
たれ (조미한) 국물 소스, 양념장
からし 겨자
箸(はし) 젓가락
混(ま)ぜ合(あ)わせる 섞다, 혼합하다, 비비다
~だけ ~만, ~뿐
簡単(かんたん)だ 간단하다
しかも 게다가, 더구나
~にとって ~에게 있어서
一石二鳥(いっせきにちょう) 일석이조
~と思(おも)う ~라고 생각하다
京都(きょうと) 교토 (일본의 옛 수도였던 일본 중부의 도시)
広島(ひろしま) 히로시마 (일본 서부의 도시)
沖縄(おきなわ) 오키나와 (타이완에 인접해 있는 일본 남단의 섬)
機会(きかい) 기회
ぜひ 꼭, 반드시

확인학습

東京(とうきょう)ディズニーランド 도쿄디즈니랜드
落(お)とす 떨어뜨리다. 분실하다
首相(しゅしょう) 수상, 총리
今朝(けさ) 오늘 아침
交通事故(こうつうじこ) 교통사고
遅刻(ちこく)する 지각하다
風邪(かぜ)を引(ひ)く 감기 걸리다
休(やす)む 쉬다
賞味期限(しょうみきげん) 유통기한
切(き)れる (기한이) 다 되다, 끊어지다
勝(か)つ 이기다

연습문제

馬肉(ばにく) 말고기
大阪(おおさか) 오사카
有名(ゆうめい)だ 유명하다
歌手(かしゅ) 가수
大(おお)きな 큰(명사를 수식할 때 사용함)
怪我(けが) 상처, 부상
本場(ほんば) 본고장
インドカレー 인도카레
トルコ 터키
宝(たから)くじ 복권
当(あ)たる 당첨되다
登(のぼ)る (산에) 오르다
一度(いちど) 한 번
漢江(ハンガン) 한강
渡(わた)る 건너다

* *
MEMO
NOTE

부록

01

확인학습

1 **히라가나/가타카나**
① 우산
② 여름
③ 마우스
④ 핸들

2 **장음**
① 언니/누나
② 아버지
③ 택시
④ 엘리베이터

3 **촉음**
① 학교
② 한 잔
③ 다이어트
④ 패션

4 **발음**
① 한국
② 선생님
③ 스크린
④ 캠프

5 **한자**
① 입국
② 출구
③ 책장
④ 장소

연습문제

1 (1) (えき)
(2) (ふゆ)
(3) (りす)
(4) (さしみ)
(5) (マウス)
(6) (テレビ)
(7) (サンタ)
(8) (ラジオ)

2 (1) 히라가나 (わ し ん じ) 가타카나 (タ ハ カ コ ク ン)
(2) 히라가나 (ま や きゃ て む ぱ) 가타카나 (ニ ロ ネ)
(3) 히라가나 (な き ひ つ) 가타카나 (ヒ マ ト ハ ル ウ)
(4) 히라가나 (ほ い う に を ん) 가타카나 (ッ カ ド サ ム)
(5) 히라가나 (し と す る) 가타카나 (ミュ ノ テ ロ ヒ)

3 (1) (訓+訓) (2) (音+訓) (3) (訓+音) (4) (音+音) (5) (訓+音)

4 (1) (ツ)
(2) (ニ)
(3) (ボ)
(4) (プ)
(5) (け)
(6) (さ)
(7) (ら)
(8) (を)

02 저는 한국 사람입니다.

본문

저는 일본 사람이 아닙니다. 한국 사람입니다.
고향은 서울입니다.
작년까지는 고등학생이었지만, 지금은 대학생입니다.

진 씨는 한국 사람이 아닙니다. 중국 사람입니다.
고향은 베이징입니다.
작년까지는 회사원이었습니다만, 지금은 유학생입니다.

저는 대학생이 아니었습니다. 고등학생이었습니다.
진 씨는 유학생이 아니었습니다. 회사원이었습니다.

제 전공은 영문학이고 취미는 테니스입니다.
다나카 씨 전공은 법학이고 취미는 농구입니다.
저와 다나카 씨는 동갑입니다.

확인학습

1 ① 저는 대학생입니다.
② 마에다 씨는 은행원입니다.
③ 오카다 씨는 의사입니다.

2 ① 저는 대학생이 아닙니다.
② 마에다 씨는 은행원이 아닙니다.
③ 오카다 씨는 의사가 아닙니다.

3 ① 저는 대학생이었습니다.
② 마에다 씨는 은행원이었습니다.
③ 오카다 씨는 의사였습니다.

4 ① 저는 대학생이 아니었습니다.
② 마에다 씨는 은행원이 아니었습니다.
③ 오카다 씨는 의사가 아니었습니다.

5 ① 저는 대학생이고, 기무라 씨는 대학원생입니다.
② 마에다 씨는 은행원이고, 오카다 씨는 의사입니다.
③ 마에다 씨는 여성이고, 오카다 씨는 남성입니다.

연습문제

1 (1) (だいがくせい)
(2) (かいしゃいん)
(3) (りゅうがくせい)
(4) (ほうがく)
(5) (専攻)
(6) (趣味)
(7) (去年)
(8) (今)

2 (1) 警察官ではありません。
(2) 野球選手です。
(3) 友達は消防士です。
(4) 首都はソウルです。
(5) 友達は橋本さんです。

3 (1) 田村さんは歌手ではありません。
(2) 佐藤さんはタレントではありませんでした。
(3) 石川さんは画家でした。
(4) 藤本さんはパイロットです。
(5) 小泉さんは研究員ではありませんでした。

4 (1) 田中さんは日本人です。
(2) 私は田中さんと同い年です。
(3) ジョンソンさんはフランス人ではありません。
(4) 私は中学生でした。
(5) 私は小学生ではありませんでした。

03 이것은 요리책입니다.

본문

이것은 무엇입니까?
그것은 전자 사전입니다. 그 전자사전은 다나카 씨 것입니다.

그것은 무엇입니까?
이것은 요리책입니다. 이 요리책은 한지원 씨 것입니다.

저것은 무엇입니까?
저것은 병원입니다. 저 병원은 대학병원입니다.

복사실은 어디입니까?
복사실은 저기입니다.

그럼 매점은 어디입니까?
매점은 저기입니다.

확인학습

1 ① 이것은 무엇입니까?
그것은 수첩입니다.
② 그것은 무엇입니까?
이것은 통장입니다.
③ 저것은 무엇입니까?
저것은 파출소입니다.

2 ① 도서관은 어디입니까?
도서관은 저기입니다.
② 체육관은 어디입니까?
체육관은 저기입니다.
③ 역은 어디입니까?
역은 저기입니다.

3 ① 이것은 잡지입니다. 이 잡지는 김민영 씨 것입니다.
② 그것은 수첩입니다. 그 수첩은 이한수 씨 것입니다.
③ 저것은 볼펜입니다. 저 볼펜은 모리 씨 것입니다.

연습문제

1 (1) (りょうり)
(2) (びょういん)
(3) (ばいてん)
(4) (でんし)
(5) (大学)
(6) (本)
(7) (辞書)
(8) (何)

2 (1) これはクレジットカードです。
(2) あれは財布です。
(3) それは書類です。
(4) これはペンケースです。
(5) それは電卓です。

3 (1) この経済学の本は菅川さんのです。
(2) そのメモ帳は吉本さんのです。

(3) あの仮名練習長は金さんのです。
(4) それはヨーガの雑誌です。
(5) これはラジカセです。

4 (1) それは通帳です。
(2) これは音楽の本です。
(3) 郵便局はどこですか。
(4) あそこは体育館です。
(5) あの傘は吉本さんのです。

04 여름방학은 언제부터입니까?

본문

여름방학은 언제부터입니까?
6월 17일부터입니다.

겨울방학은 언제까지입니까?
2월 28일까지입니다.

신학기는 언제부터입니까?
3월 2일부터입니다.

기말시험은 언제부터 언제까지입니까?
5월 30일 월요일부터 6월 4일 금요일까지입니다.

다나카 씨의 생일은 언제입니까?
지난달 1일이었습니다.

확인학습

1 ① 겨울방학은 언제부터입니까?
12월 26일부터입니다.
② 강습회는 언제부터입니까?
4월 1일부터입니다.
③ 전시회는 언제부터입니까?
10월 20일부터입니다.

2 ① 시험은 언제까지입니까?
　9월 19일까지입니다.
② 일본여행은 언제까지입니까?
　1월 3일까지입니다.
③ 아시안게임은 언제까지입니까?
　11월 4일까지입니다.

3 ① 스즈키 선생님의 결혼식은 언제입니까?
　다음 달 6일입니다.
② 사무엘 씨의 피아노 연주회는 언제입니까?
　이번 달 14일입니다.
③ 다카하시 씨의 졸업식은 언제였습니까?
　지난 달 21일이었습니다.

연습문제

1 (1) (たんじょうび)　(5) (夏休み)
(2) (ふつか)　(6) (期末)
(3) (げつようび)　(7) (先月)
(4) (ついたち)　(8) (学期)

2 (1) 6月9日から6月13日までです。
(2) 6月27日からです。
(3) 6月2日から6月4日までです。
(4) 7月26日です。
(5) 7月28日から7月31日までです。

3 (1) 3月5日の水曜日でした。
(2) 11月12日の木曜日でした。
(3) 先月の20日でした。
(4) 6月11日の日曜日でした。
(5) 先月の14日でした。

4 (1) 春休みはいつからですか。
(2) 成人式はいつですか。
(3) 発表会は5月30日でした。
(4) 金曜日から日曜日まで旅行です。
(5) 引っ越しはいつですか。

05 상영시간은 어느 정도 됩니까?

본문

서비스센터 개관시간은 몇 시입니까?
오전 9시 반입니다.
그러면 폐관시간은 몇 시입니까?
오후 5시입니다.

점심시간은 몇 시까지입니까?
1시까지입니다.

지금 몇 시입니까?
3시 40분입니다. 4시부터 일본어회화 시험입니다.

이 영화의 상영시간은 어느 정도 됩니까?
2시간 정도입니다.

확인학습

1 ① 백화점 오픈시간은 몇 시입니까?
오전 10시입니다.
② 시험 시작시간은 몇 시입니까?
오후 4시입니다.
③ 도서관 개관시간은 몇 시입니까?
오전 9시 반입니다.

2 ① 지금 몇 시입니까?
12시 20분입니다.
② 지금 몇 시입니까?
정각 5시입니다.
③ 지금 몇 시입니까?
11시 55분입니다.

3 ① 이 가부키 상연시간은 어느 정도입니까?
4시간 정도입니다.
② 이 가게의 영업시간은 어느 정도입니까?
8시간 정도입니다.
③ 축구의 시합시간은 어느 정도입니까?
90분 정도입니다.

연습문제

1 (1) (へいかんじかん)
(2) (なんじ)
(3) (ごぜん)
(4) (ごご)
(5) (昼休み)
(6) (映画)
(7) (会話)
(8) (上映)

2 (1) よじはんからです
(2) くじじゅうよんぷんです
(3) ごごしちじからです。
(4) じゅうにじごじっぷんまでです。/じゅうにじごじゅっぷんまでです。
(5) ごぜんはちじさんじっぷんです。/ごぜんはちじさんじゅっぷんです。

3 (1) ② (2) ② (3) ③ (4) ② (5) ①

4 (1) 歌舞伎(の)公演は何時からですか。
(2) サッカー(の)試合は何時までですか。
(3) このオペラの上演時間はどれぐらいですか。
(4) ハンドボール(の)試合は60分ぐらいです。
(5) パーティーは午後7時からです。

06 제 방은 좁습니다.

본문

제 방은 좁습니다. 벽은 파랗습니다. 책상과 의자는 까맣습니다. 블라인드는 옅은 갈색입니다. 누나 방은 좁지 않습니다. 제 방보다 넓습니다. 벽은 하얗습니다. 침대는 노랗습니다. 책상은 제 것과 같은 색입니다만 의자는 녹색입니다.

어제 레스토랑의 스테이크는 부드럽고 맛있었습니다. 게다가 역에서도 가깝고 가격도 싸서 정말 좋았습니다.

이 동네는 분지여서 겨울은 아주 춥고 여름은 덥습니다. 작년 8월에는 비도 많고 무더웠습니다만, 올해는 덥지 않아서 지내기 좋습니다. 지난달도 그다지 덥지 않았습니다.

확인학습

1 ① 여동생의 가방은 까맣습니다.
② 그 책의 표지는 노랗습니다.
③ 사토 씨의 머리는 깁니다.

2 ① 여동생의 가방은 까맣지 않습니다.
② 그 책의 표지는 노랗지 않습니다.
③ 사토 씨의 머리는 길지 않습니다.

3 ① 여동생의 가방은 까맣고 작습니다.
② 그 책의 표지는 노랗고 얇습니다.
③ 사토 씨의 머리는 길고 아름답습니다.

4 ① 여동생의 가방은 까맸습니다.
② 그 책의 표지는 노랬습니다.
③ 사토 씨의 머리는 길었습니다.

5 ① 여동생의 가방은 까맣지 않았습니다.
② 그 책의 표지는 노랗지 않았습니다.
③ 사토 씨의 머리는 길지 않았습니다.

연습문제

1 (1) (へや) (5) (町)
(2) (つくえ) (6) (暑い)
(3) (みどり) (7) (黒い)
(4) (ねだん) (8) (色)

2 (1) このデパートは新しくて広いです。
(2) そのかばんは小さくて軽いです。
(3) このチーズケーキは柔らかくておいしいです。
(4) 岡田さんはかっこよくて礼儀正しいです。
(5) そのキャンデーは甘くておいしいです。

3 (1) 村田さんは優しくありません。
(2) 部屋の中は汚くありません。
(3) 宮崎さんは若かったです。
(4) この漫画本は面白くありません。
(5) 電気スタンドは高かったです。

4 (1) デパートは駅から近いです。
(2) 風も強かったです。
(3) この靴は安くありませんでした。
(4) そのビールは冷たくありませんでした。
(5) このワインは香りがよくておいしいです。

07 스미스 씨는 성실한 사람입니다.

본문

스미스 씨는 성실한 사람입니다. 영국에서 온 교환유학생으로 대학교 4학년입니다. 저는 외국어를 잘 못하는데, 그는 영어도 스페인어도 잘 하고 게다가 일본어도 능숙합니다.

이 온천 여관은 언제나 깨끗하고 조용합니다. 작년에도 그랬고 그 전 해에도 그랬습니다. 그래서 저는 여기가 너무 좋습니다. 공기도 맑고 경치도 좋습니다. 게다가 여관 사람들은 모두 친절한 사람뿐입니다.

저는 화려한 옷은 별로 좋아하지 않습니다. 수수한 것이 좋습니다. 왜냐하면 수수한 옷 쪽이 값이 싸기 때문입니다.

중학교 시절에는 수학을 그다지 못하지 않았습니다. 그러나 지금은 수학이 가장 어렵습니다. 그 다음으로 못하는 과목은 역사입니다.

전에는 바나나를 좋아했었는데 지금은 좋아하지 않습니다. 단 것은 치아에 별로 좋지 않으니까요.

확인학습

1 ① 이 구두는 튼튼합니다.
② 저 건물은 훌륭합니다.
③ 야마모토 씨는 멋있습니다.

2 ① 이것은 튼튼한 구두입니다.
② 저것은 훌륭한 건물입니다.
③ 야마모토 씨는 멋있는 사람입니다.

3 ① 이 구두는 튼튼하고 예쁩니다.
② 저 건물은 훌륭해서 유명합니다.
③ 야마모토 씨는 멋있고 친절합니다.

4 ① 나카무라 씨는 성실하지 않았습니다.
② 하나코 씨는 친절하지 않았습니다.
③ 이 공원은 깨끗하지 않았습니다.

5 ① 이 레스토랑은 전망도 멋지고 음식도 맛있습니다.
② 야마모토 씨는 얼굴도 예쁘고 노래도 잘합니다.
③ 이 부근은 경치도 좋고 교통도 편리합니다.

연습문제

1 (1) (れきし)
(2) (がいこくご)
(3) (けしき)
(4) (すうがく)
(5) (真面目)
(6) (以前)
(7) (空気)
(8) (下手)

2 (1) あの本屋は親切でいいです。
(2) ブラウンさんはハンサムで日本語も上手です。
(3) この公園は静かで好きです。
(4) 池田さんの得意な科目は科学です。
(5) 派手な服は好きではありません。

3 (1) あの人のスピーチは立派でした。
(2) あの甘手は有名ではありません。
(3) 寿司は苦手でした。
(4) 地村さんは元気ではありません。
(5) 城田先生は歌が上手でした。

4 (1) あの歌手はすてきです。
(2) 私は甘い食べ物が嫌いです。
(3) 命は大切な物です。
(4) この問題は重要ではありません。
(5) いちごは好きですが、ぶどうは好きではありません。

08 매일 아침 신문을 읽습니다.

본문

우리 가족은 다섯 명입니다. 부모님과 언니와 남동생과 저입니다. 아버지는 회사원이고 어머니는 공무원입니다. 아버지는 매일 아침 신문을 읽습니다. 그리고 텔레비전을 보면서 아침밥을 먹습니다. 어머니는 요리를 잘 합니다. 어머니가 만든 요리 중에서 가장 평판이 좋은 것은 해물스파게티입니다. 승무원인 언니는 노래하는 것을 무척 좋아합니다. 근처에 있는 노래방에 자주 갑니다. 언니가 좋아하는 음악장르는 발라드입니다. 나도 분위기 있는 발라드가 좋습니다. 동생은 중학교 2학년입니다. 이름은 사토루라고 합니다. 달리기를 잘해서 초등학교 6학년 때부터 아마추어 마라톤대회에 참가할 정도입니다.

우리집 마당에는 소나무가 두 그루 있습니다. 그 중 한 그루는 굉장히 큽니다. 30년 전에 할아버지가 심었습니다. 지금 그 나무 밑에 있는 개는 마리입니다. 마리는 하루와 시로를 낳았습니다.

확인학습

1 ① 음악을 듣습니다.
② 텔레비전을 봅니다.
③ 청소를 합니다.

2 ① 문이 열립니다.
② 꽃이 핍니다.
③ 비가 옵니다.

3 ① 음악을 들었습니다.
② 텔레비전을 봤습니다.
③ 청소를 했습니다.

4 ① 현관에 슬리퍼가 있습니다.
② 테이블 위에 책이 있습니다.
③ 편의점 옆에 꽃집이 있습니다.

5 ① 버스정류장 앞에 스즈키 씨가 있습니다.
② 거실에 부모님이 있습니다.
③ 정원에 고양이가 있습니다.

연습문제

1 (1) (しんぶん) (5) (作る)
(2) (ひょうばん) (6) (歌)
(3) (おとうと) (7) (参加)
(4) (かぞく) (8) (音楽)

2 (1) 書きます (2) 読む (3) 来る (4) 待ちます
(5) 起きます (6) 走る (7) 帰ります (8) 見ます
(9) します (10) 切る

3 (1) 箱に本を入れます。
(2) 姉は毎週カラオケに行きます。
(3) 魅力のある人が好きです。
(4) 私は毎日ジョギングをします。
(5) 兄は絵を書くことが得意です。

4 (1) 友達と昼ごはんを食べました。
(2) 明日ソウルへ(に)行きます。

(3) テーブルの下に猫が1匹います。
(4) 庭に木が2本あります。
(5) 冷蔵庫の中にたまごが3個あります。

09 조깅은 안 합니다.

본문

저는 일본어 공부를 하기 위해 한국에서 왔습니다. 미국이나 오스트레일리아에는 친척이 있기 때문에 자주 가지만 일본은 처음입니다. 일본어 수업은 일주일에 40시간이나 있기 때문에 놀 시간은 별로 없습니다. 그러나 건강을 위해서 운동은 합니다. 달리기는 별로 좋아하지 않기 때문에 조깅은 안 합니다. 음악을 들으면서 조금 빠른 속도로 걷는 것을 좋아합니다. 운동은 일주일에 세 번 매일 30분씩 합니다. 운동을 한 후에는 샤워를 합니다. 그리고 나서 일본어학원에 갈 준비를 합니다.

일본어학원에 가지 않는 토요일과 일요일은 아르바이트 때문에 나가야 합니다. 그러나 오늘은 아침부터 감기기운이 있고 열도 있습니다. 그래서 아르바이트를 쉬었습니다. 지난주 토요일도 배탈이 나서 가지 않았습니다. 빨리 건강을 되찾고 싶습니다.

확인학습

1 ① 아르바이트는 안 합니다.
② 여행은 안 합니다.
③ 돼지고기는 안 먹습니다.

2 ① 학교에 가지 않는다.
② 아침 일찍 일어나지 않는다.
③ 친구와 싸우지 않는다.

3 ① 아르바이트는 안 했습니다.
② 여행은 안 했습니다.
③ 돼지고기는 안 먹었습니다.

4 ① 차를 사고 싶습니다.
② 일본어를 능숙하게 말하고 싶습니다.
③ 과학자가 되고 싶습니다.

5 ① 아르바이트를 하지 않으면 안 됩니다. / 해야만 합니다.
② 여행을 하지 않으면 안 됩니다. / 해야만 합니다.
③ 돼지고기를 먹지 않으면 안 됩니다. / 먹어야만 합니다.

연습문제

1 (1) (まいにち) (5) (遊ぶ)
(2) (けんこう) (6) (走る)
(3) (かざぎみ) (7) (親戚)
(4) (じゅぎょう) (8) (勉強)

2 (1) いい成績をとるために、徹夜をしなければなりません。
(2) 朝早く起きるために、早く寝なければなりません。
(3) 体重を減らすために、運動をしなければなりません。
(4) 風邪を予防するために、うがいをしなければなりません。
(5) 大学へ進学するために、入学金を用意しなければなりません。

3 (1) ノートパソコンを買いたいです。/ ノートパコソが買いたいです。
(2) 英語で話したいです。
(3) 電車には乗りません。
(4) 学校へは行きません。
(5) 牛丼を食べたいです。/ 牛丼が食べたいです。

4 (1) 辛い食べ物はあまり食べません。
(2) 昨日は帰国する準備をしました。
(3) アルバイトをするために、出かけなければなりません。
(4) 村田さんはレポートを出しませんでした。
(5) 英語を上手に話したいです。

10 잔디밭에 들어가지 마세요.

본문

어제 친구 사토 씨와 우에노공원에 갔습니다. 공원에는 광장이 있었습니다. 광장 앞에는「잔디밭에 들어가지 마시오」라는 표지판이 있었습니다.

쓰레기 배출 방법은 다음과 같습니다.
수요일과 토요일은 불에 타는 쓰레기를 내놓습니다. 그러니까 병이나 캔, 플라스틱류 등은 내놓지 말아 주세요.
플라스틱류는 월요일에, 재활용 쓰레기는 목요일에 내놓습니다.
신문과 잡지를 내놓을 때는 봉투에 넣지 마세요.

한국인 중에도 김치를 먹지 않고 피자나 마요네즈 등의 식품을 거의 매일같이 먹는 사람이 늘었습니다. 이러한 식생활을 계속하게 되면 한국인의 평균 체격도 구미인과 같이 더욱 더 커지겠지요.

확인학습

1 ① 도서관 내에서는 큰 소리를 내지 말아 주세요.
② 건물 내에서는 담배를 피지 말아 주세요.
③ 강의실 내에 음식을 가지고 들어오지 말아 주세요.

2 ① 기름으로 튀기지 않고 생으로 먹도록 하겠습니다.
② 버리지 않고 소중히 보관하도록 하겠습니다.
③ 험담을 하지 않고 칭찬하도록 하겠습니다.

3 ①「담배를 피지 말아 주세요」라는 표지
②「12시 까지 돌아오지 않으면 안된다」는 조건
③「15일에 서울에 돌아온다」는 통지

4 ① 책상 위에는 책이랑 노트 등이 있습니다.
② 대학 근처에는 은행이랑 책방 등이 있습니다.
③ 동물을 좋아하는 다나카 씨 집에는 개랑 고양이 등의 애완동물이 있습니다.

5 ① 내일은 비가 올 겁니다.
② 다음 주 회의에는 아마 그 사람도 올 겁니다.
③ 오늘밤 도쿄에 도착할 겁니다.

연습문제

1 (1) (しょくひん) (5) (出す)
(2) (ともだち) (6) (次)
(3) (せいかつ) (7) (広場)
(4) (へいきん) (8) (公園)

2 (1) 際 (2) や など (3) とおり (4) という
(5) も (6) ますます (7) を

3 (1) はいらない (2) たべない (3) しない (4) またない
(5) おきない (6) はしらない (7) かえらない (8) みない
(9) こない (10) きらない

4 (1) 大きな声で話さないでください。
(2) 写真を撮らないでください。
(3) エスカレーターでは走らないでください。
(4) 英語以外は使わないでください。
(5) 明日は雨が降るでしょう。

11 텔레비전을 보고 있습니다.

본문

저는 도쿄에서 혼자 살고 있습니다. 월요일부터 금요일까지는 대학 수업으로 바쁘지만 토요일과 일요일은 한가합니다. 그래서 주말에는 집에서 자주 텔레비전을 보고 있습니다. 좋아하는 프로그램은 가요 프로그램입니다.

오늘은 같은 반 친구인 하나코 씨의 생일입니다. 아침 일찍 일어나 생일 선물을 사러 백화점에 갔습니다. 토요일이라서 백화점은 몹시 붐볐습니다. 에스컬레이터를 타고 2층 화장품 매장으로 갔습니다. 하나코 씨가 갖고 싶어 하던 향수를 한 개 산 후, 돌아오는 길에 6층에 있는 책방에 들러 1시간 정도 서서 책을 읽고 나서 집으로 돌아왔습니다.

일본에서는 집 안에 신발을 신고 들어가지 않습니다. 신발을 벗고 집 안으로 들어가세요. 다타미방에서는 실내용 슬리퍼를 벗어 주세요. 또 화장실에 들어갈 때는 화장실 슬리퍼로 바꿔 신으세요.

이 상담실은 누구나 이용할 수 있습니다. 단, 이용 전에 직접 상담실에 와서 신청해 주세요. 「상담중입니다」 라고 되어 있을 때는 노크를 한 후에 들어와 주세요.

확인학습

1 ① 지금 텔레비전을 보고 있습니다.
② 지금 게임을 하고 있습니다.
③ 지금 공부를 하고 있습니다.

2 ① 아침 일찍 일어나 운동을 합니다.
② 식사를 하고 놉니다.
③ 빨래를 하고 청소를 합니다.

3 ① 책을 읽어 주세요.
② 휴대전화의 전원을 꺼 주세요.
③ 늦지 않도록 일찍 가 주세요.

4 ① 여동생이 전부터 갖고 싶어 했던 노트북 컴퓨터입니다.
② 저기에 아버지가 갖고 싶어 하는 차가 있습니다.
③ 저것이 어머니가 갖고 싶어 하는 김치냉장고입니다.

5 ① 낫토를 먹을 수 있습니다.
② 일본어를 할 수 있습니다.
③ 차를 운전할 수 있습니다.

연습문제

1 (1) (ほんや)　　(5) (東京)
(2) (ひま)　　(6) (利用)
(3) (ばんぐみ)　　(7) (土足)
(4) (そうだん)　　(8) (畳)

2 (1) 読んで　(2) 置いて　(3) 切って　(4) 持って
(5) 死んで　(6) 泳いで　(7) 来て　(8) 見て
(9) 帰って　(10) して

3 (1) 鉛筆で書いてください。
(2) 電子レンジで温めてください。
(3) 座らないで立ってください。
(4) 押さないで引いてください。
(5) 泣かないで笑ってください。

4 (1) 今、本を読んでいます。
(2) ご飯を食べてから歯を磨きます。
(3) 入る前にノックをしてください。
(4) 答えを知っている方は手をあげてください。
(5) 朝起きて、一番最初に水を飲みます。

12 낫토를 먹은 적이 있습니다.

그저께 근처에 슈퍼마켓이 오픈했습니다. 오전 10시부터 슈퍼마켓의 영업이 시작된다고 하는데 오전 8시부터 행렬이 생겼습니다. 오픈 기념으로 10% 할인 캠페인 행사가 실시되기 때문에 이른 아침부터 행렬이 생긴 것입니다. 저도 친구인 스즈키 씨와 함께 슈퍼에 가 보았습니다. 슈퍼는 사람들로 가득했습니다. 스즈키 씨와 저는 두부 매장 옆에 있는 낫토 매장으로 갔습니다. 낫토는 발효식품으로 건강에 좋다고 스즈키 씨가 말해서 10개나 샀습니다. 일본에 오기 전에 한국에 있는 일식 전문점에서 낫토를 먹은 적이 있습니다. 한국의 전통 음식인 「청국장」과 맛이 비슷해서 맛있었습니다. 그러나 「청국장」과는 달리, 일본의 낫토는 익히거나 할 필요도 없고 양념장과 겨자를 넣고 젓가락으로 비비는 것만으로 간단하게 먹을 수 있습니다. 게다가 가격도 싸고 건강에도 좋으니까, 유학생인 제게 있어서는 일석이조의 음식이라고 생각합니다.

저는 교토에는 간 적이 있지만 히로시마에는 간 적이 없습니다. 오키나와에도 간 적은 없지만 텔레비전에서 오키나와의 아름다운 경치를 본 적은 있습니다. 기회가 있으면 히로시마와 오키나와에 꼭 한 번 가 보고 싶습니다.

확인학습

1 ① 도쿄디즈니랜드에 간 적이 있습니다.
② 지갑을 떨어뜨린 적이 있습니다.
③ 수상을 만난 적이 있습니다.

2 ① 왔다 갔다 합니다.
② 먹거나 마시거나 합니다.
③ 울고 웃고 합니다.

3 ① 싸니까 삽니다.
② 맛있으니까 먹습니다.
③ 오늘은 바쁘니까 내일 가겠습니다.

4 ① 오늘 아침, 교통사고가 있어서 지각했습니다.
② 감기 걸려서 학교를 쉬었습니다.
③ 유통기한이 지나서 버렸습니다.

5 ① 그는 오지 않을 거라고 생각합니다.
② 그녀가 이길 거라고 생각합니다.
③ 저 두 사람은 후지모토 씨의 여동생이라고 생각합니다.

연습문제

1 (1) (けんこう)
(2) (ねだん)
(3) (でんとうてき)
(4) (ぎょうれつ)
(5) (近所)
(6) (簡単)
(7) (記念)
(8) (機会)

2 (1) 遊んだ
(2) した
(3) 切った
(4) 立った
(5) 帰った
(6) 走った
(7) きた
(8) 起きた
(9) 泳いだ
(10) 行った

3 (1) 馬肉を食べたことがあります。
(2) 大阪へ行ったことがあります。
(3) 有名な歌手に会ったことがあります。
(4) 大きな怪我をしたことがあります。
(5) 本場のインドカレーを食べたことがあります。

4 (1) トルコに行ったことがあります。。
(2) 宝くじに当たったことがあります。
(3) 高い山に登ったことがあります。
(4) ぜひ一度行ってみたいです。
(5) 泳いで漢江を渡ったことがあります。

저자약력

남득현(南得鉉)

명지대학교 일본문예학과 졸업
일본 국립 히로시마대학 대학원 일본어교육학과 졸업(교육학석사)
일본 국립 히로시마대학 대학원 언어학과 졸업(문학박사)
(현)명지전문대학 일본어과 교수
일본어교육학/일한대조언어학 전공

바른 일본어 I

초판1쇄 인쇄·2007년 2월 23일
초판1쇄 발행·2007년 3월 1일

저자·남득현
발처·제이앤씨
등록·제7-220
주소·서울시 도봉구 창동 624-1 현대홈시티 102-1206
·전화·(02) 992 / 3253
·팩스·(02) 991 / 1285
·URL·http://www.jncbook.co.kr
·E-mail·jncbook@hanmail.net

ISBN 978-89-5668-472-7 03730
정가 9,500원